SPRACHFÜHRER

Spanisch
für die Reise

Die wichtigsten Wörter & Sätze für unterwegs

compact

Bisher sind in dieser Reihe erschienen:

- Sprachführer Englisch für die Reise
- Sprachführer Französisch für die Reise
- Sprachführer Italienisch für die Reise
- Sprachführer Spanisch für die Reise

Bildnachweis
fotolia: goodluz 9; Lev 33; Deklofenak 59; Butch 173; Bombaert Patrick 241; nikitos77 246; nito 246; Africa Studio 247; Alexander Raths 247; Anna Kucherova 248; gtranquillity 248; oksix 248; picsfive 248, 249; Dmytro Sukharevskyy 249; Friedberg 249; gavran333 249; Marius Graf 249; DAN 250; Monika 3 Steps Ahead 250, 251; Ariwasabi 252, 253; Mirko Raatz 255; Tom Bird 255
iStockphoto: John Pavel 107; traveler1116 127; Henrik Jonsson 256
shutterstock: Phil Date 81; SurangaWeeratunga 133; juan ignacio laboa 155; Dudarev Mikhail 181; D7INAMI7S 242–245; Elena Schweitzer 244, 245; Picsfive 246; Ami Parikh 246, 247; Dmitrij Skorobogatov 247; Feng Yu 247; Smit 246, 247; Jaroslaw Grudzinski 248; studioVin 250; vovan 250; monika3steps 250, 251; Alexlukin 251; gbautista87 251; Abramova Kseniya 254; photomaster 254, 255; panbazil 254, 255
Icons Cover: joingate; Icons Kolumne: VectorForever

Baierbrunner Straße 27, 81379 München
Ausgabe 2016
5. Auflage

Text: Mike Hillenbrand, Francesca Angrisano
Redaktion: Kerstin Nußhart
Fachkorrektur: Dr. José Cárdenes, Elena Martínez Muñoz
Produktion: Ute Hausleiter
Titelabbildungen: shotshop: lianem; fotolia: K.C.
Umschlaggestaltung: X-Design, München

ISBN 978-3-8174-8840-7
381748840/5

www.compactverlag.de

Lautschrift

Aussprache

Wörter, die auf einen Vokal, -n oder -s enden, werden meist auf der vorletzten Silbe betont. Alle anderen Wörter werden auf der letzten Silbe betont, es sei denn, sie tragen einen Akzent. Dann zeigt dieser an, wo das Wort betont wird.

Lautschrift

Das Betonungszeichen (') steht jeweils vor der Silbe, die betont werden muss.

Konsonanten

Ball	b	boca
	β	cabina
dort	d	dinero
	ð	tarde
fliehen, vor	f	fiesta
geben	g	ganar
jeder, Million	j	ayer
Kamm, Chor	k	caso
Lob	l	lengua
	ʎ	desarrollo
Maus	m	mayo
nehmen	n	nada
	ɲ	sueño
angeln, links	ŋ	banco
Post	p	punto
Rand	r	pero
	rr	torre
besser, Ruß	s	mesa
Tschüss	tʃ	lucha
treten, Pfad	t	toro
Nacht	x	jefe
	θ	civil, zumo

Vokale

blass	a	dama
egal	e	meter
Vitamin	i	niño
Moral	o	poco
Zunge	u	uno
	w	muy

Inhaltsverzeichnis

Bitte!	**¡Por favor!**	[por fa'βor]
Danke!	**¡Gracias!**	['graθjas]
Ja!	**¡Sí!**	[si]
Nein!	**¡No!**	[no]
Vielleicht!	**¡Quizá(s)!**	[ki'θa(s)]
Natürlich!	**¡Claro!**	['klaro]
Guten Morgen!	**¡Buenos días!**	['bwenos 'dias]
Guten Tag!	**¡Buenos días!**	['bwenos 'dias]
Guten Abend!	**¡Buenas tardes!**	['bwenas 'tarðes]
Gute Nacht!	**¡Buenas noches!**	['bwenas 'notʃes]
Hallo!	**¡Hola!**	['ola]
Wie geht's?	**¿Qué tal?**	[ke tal]
Schön, Sie zu sehen!	**¡Qué alegría verle!**	[ke ale'gria 'berle]
Tschüss!	**¡Hasta luego!**	['asta 'lwego]
Auf Wiedersehen!	**¡Adiós!**	[a'ðjos]
Bis bald!	**¡Hasta pronto!**	['asta 'pronto]
Bis morgen!	**¡Hasta mañana!**	['asta ma'ɲana]
Alles Gute!	**¡Qué le vaya bien!**	[ke le 'baja 'bjen]
Ich verstehe nicht.	**No entiendo.**	[no en'tjendo]
Wie bitte?	**¿Cómo dice?**	['komo 'diθe]
Ich spreche kein ...	**No hablo...**	[no 'aβlo ...]
Sprechen Sie bitte langsamer.	**Hable más despacio, por favor.**	['aβle mas des'paθjo por fa'βor]
Ich kann Ihnen nicht folgen.	**Perdone, no consigo entenderle.**	[per'ðone no kon'sigo enten'derle]
Können Sie das noch einmal wiederholen?	**¿Podría repetir, por favor?**	[po'ðria rrepe'tir por fa'βor]
Könnten Sie mir das bitte aufschreiben?	**¿Me lo podría escribir, por favor?**	[me lo po'ðria eskri'βir por fa'βor]
Entschuldigung.	**Perdone.**	[per'ðone]
Das tut mir leid.	**Lo siento.**	[lo 'sjento]
Zum Flughafen.	**Al aeropuerto.**	[al aero'pwerto]
Zum Hotel ..., bitte.	**Al hotel..., por favor.**	[al o'tel ... por fa'βor]

Mein Name ist ...	**Me llamo...**	[me 'ʎamo ...]
Ich brauche ...	**Necesito...**	[neθe'sito ...]
Ich möchte ...	**Quisiera...**	[ki'sjera ...]
Ich hätte gerne eine Fahrkarte nach ...	**Quería un billete a...**	[ke'ria un bi'ʎete a ...]
Ich möchte einen Tisch reservieren.	**Quería reservar una mesa.**	[ke'ria rreser'βar 'una 'mesa]
Ich bin hungrig/durstig.	**Tengo hambre/sed.**	['teŋgo 'ambre/seð]
Die Rechnung, bitte!	**La cuenta, por favor.**	[la 'kwenta por fa'βor]
Ich möchte ... Euro wechseln.	**Deseo cambiar... euros.**	[de'seo kam'bjar ... 'euro]
Ich möchte gerne einen Stadtplan.	**Quisiera un plano de la ciudad.**	[ki'sjera un 'plano de la θju'ðað]
Ich möchte ... besichtigen.	**Deseo visitar...**	[de'seo bisi'tar ...]
Guten Appetit!	**¡Buen provecho!**	['bwen pro'βetʃo]
morgen	**mañana**	[ma'ɲana]
gestern	**ayer**	[a'jer]
geradeaus	**todo recto**	['toðo 'rrekto]
rechts	**a la derecha**	[a la de'retʃa]
links	**a la izquierda**	[a la iθ'kjerða]
hinten	**detrás**	[de'tras]
vorne	**delante**	[de'lante]
oben	**arriba**	[a'rriβa]
unten	**abajo**	[a'βaxo]
nah	**cerca**	[θer'ka]
weit	**lejos**	['lexos]

Wichtige Fragen

Sprechen Sie Deutsch?	**¿Habla usted alemán?**	['aβla us'teð ale'man]
Verstehen Sie Deutsch?	**¿Entiende usted el alemán?**	[en'tjende us'teð el ale'man]

Können Sie mir helfen?	**¿Me podría ayudar?**	[me po'ðria a'juðar]
Wo ist die nächste Telefonzelle?	**¿Dónde hay una cabina por aquí?**	['donde aj 'una ka'βina por a'ki]
Ist ... da?	**¿Está...?**	[es'ta ...]
Wie komme ich nach ...?	**¿Cómo se va a...?**	['komo se ba a ...]
Wo ist die nächste Tankstelle?	**¿Dónde está la próxima gasolinera?**	['donde es'ta la 'progsima gasoli'nera]
Welche Linie fährt nach ...?	**¿Qué línea va a...?**	[ke 'linea ba a ...]
Wo ist das Hotel ...?	**¿Dónde está el hotel ...?**	['donde es'ta el o'tel ...]
Sind noch Zimmer frei?	**¿Quedan habitaciones libres?**	['keðan aβita'θjones 'liβres]
Wie lang haben Sie geöffnet?	**¿Hasta qué hora tienen abierto?**	['asta ke 'ora 'tjenen a'βjerto]
Wo ist der nächste Geldautomat?	**¿Dónde está el próximo cajero automático?**	['donde es'ta el 'progsimo ka'xero auto'matico]
Was kostet der Eintritt?	**¿Cuánto cuesta la entrada?**	['kwanto 'kwesta la en'traða]
Ist das der Weg nach ...?	**¿Es este el camino a...?**	[es 'este el ka'mino a ...]
Wann?	**¿Cuándo?**	['kwando]
Warum?	**¿Por qué?**	[por ke]
Was?	**¿Qué?**	[ke]
Welche/r/s?	**¿Cuál?**	['kwal]
Wer?	**¿Quién?**	['kjen]
Wie?	**¿Cómo?**	['komo]
Wo?	**¿Dónde?**	['donde]
Woher?	**¿Desde dónde?**	['desðe 'donde]
Wohin?	**¿Hacia dónde?**	['aθja 'donde]
Wie oft?	**¿Cuántas veces?**	['kwantas 'beθes]
Wie lange?	**¿Cuánto tiempo?**	['kwanto 'tjempo]

Haben Sie ...?	**¿Tenéis...?**	[teˈneis ...]
Wo steht ...?	**¿Dónde está...?**	[ˈdonde esˈta ...]
Was kostet ...?	**¿Cuánto cuesta...?**	[ˈkwanto ˈkwesta ...]
Kennen Sie einen Arzt/ Kinderarzt?	**¿Conoce usted un médico/un pediatra?**	[koˈnoθe usˈteð un ˈmeðiko/un peˈðjatra]
Wo ist das nächste Polizeirevier?	**¿Dónde está la comisaría más cercana?**	[ˈdonde esˈta la comisaˈria mas θerˈkana]
Können Sie mir ein Taxi rufen?	**¿Me podría llamar a un taxi, por favor?**	[me poˈðria ʎaˈmar a un ˈtagsi]
Wo sind hier die Toiletten?	**¿Hay un baño por aquí?**	[ˈaj un ˈbaɲo por ˈaˈki]

Für den Notfall

Achtung!	**¡Atención!**	[atenˈθjon]
Vorsicht!	**¡Cuidado!**	[kwiˈðaðo]
Hilfe!	**¡Socorro!**	[soˈkorro]
Feuer!	**¡Fuego!**	[ˈfwego]
Polizei!	**¡Policía!**	[poliˈθia]
Rufen Sie einen Arzt!	**¡Por favor, llamen a un médico!**	[por faˈβor, ˈʎamen a un ˈmeðiko]
Rufen Sie einen Krankenwagen!	**¡Por favor, llamen a una ambulancia!**	[por faˈβor, ˈʎamen a ˈuna ambuˈlanθja]
Diesem Mann/dieser Frau geht es nicht gut!	**¡Este señor/esta señora no se encuentra bien!**	[ˈeste seˈɲor/ˈesta seˈɲora no se eɲˈkwentra ˈbjen]
Wo tut es weh?	**¿Dónde le duele?**	[ˈdonde le ˈdwele]
Ich bin bestohlen worden!	**¡Me han robado!**	[me an rroˈβaðo]
Ich habe ... verloren.	**He perdido...**	[e perˈðiðo ...]
Rufen Sie die Polizei!	**¡Llamen a la policía!**	[ˈʎamen a la poliˈθia]

Sprechen & Verstehen

Guten Morgen!	**¡Buenos días!**	['bwenos 'dias]
Guten Tag!	**¡Buenos días!**	['bwenos 'dias]
Guten Abend!	**¡Buenas tardes!**	['bwenas 'tarðes]
Gute Nacht!	**¡Buenas noches!**	['bwenas 'notʃes]
Hallo!	**¡Hola!**	['ola]
Darf ich euch bekannt machen?	**¿Os puedo presentar?**	[os 'pweðo presen'tar]
Freut mich.	**Encantado/a.**	[eŋkan'taðo]
Wie geht es Ihnen?	**¿Qué tal?**	[ke tal]
Danke. Und Ihnen?	**Gracias, ¿y usted?**	['graθjas, i us'teð]
Ich heiße ...	**Me llamo...**	[me 'ʎamo ...]
Ich komme aus ...	**Soy de...**	[soj de ...]
Woher kommen Sie?	**¿De dónde es usted?**	[de 'donde es us'teð]
Wie lange bleiben Sie?	**¿Cuánto tiempo se queda usted aquí?**	['kwanto 'tjempo se 'keða us'teð a'ki]

Sind Sie zum ersten Mal hier?	**¿Es su primera vez aquí?**	[es su pri'mera beθ a'ki]
Viel Vergnügen!	**¡Que lo pase bien!**	[ke lo 'pase 'bjen]
Ich wünsche Ihnen einen angenehmen Aufenthalt!	**¡Le deseo una bonita estancia!**	[le de'seo 'una bo'nita es'tanθja]
Grüßen Sie/Grüß ... von mir.	**¡Muchos saludos de mi parte!**	['mutʃos sa'luðos de mi 'parte]
Kommen Sie wieder (zu uns).	**¡Vuelva a vernos!**	['bwelβa a 'bernos]
Auf Wiedersehen!	**Adiós.**	[a'dios]
Ich schreibe dir!	**Te escribiré.**	[te eskriβi're]
Alles Gute!	**¡Que le vaya bien!**	[ke le 'baja 'bjen]
Bis morgen!	**¡Hasta mañana!**	['asta ma'ɲana]
Gute Reise!	**¡Buen viaje!**	['bwen bi'axe]
Tschüss!	**¡Hasta luego!**	['asta 'lwego]
Bis später!	**¡Hasta luego!**	['asta 'lwego]

anrufen	**llamar por teléfono**	[ʎa'mar por te 'lefono]
Frau	**mujer** *f*	[mu'xer]
Freund	**amigo** *m*	[a'migo]
Freundin	**amiga** *f*	[a'miga]
gehen	**ir**	[ir]
grüßen	**saludar**	[salu'ðar]
Herr	**señor** *m*	[se'ɲor]
kennenlernen	**conocer**	[kono'θer]
kommen	**venir**	[be'nir]
Mann	**hombre** *m*/ **marido** *m*	['ombre/ ma'rido]
meine Damen	**señoras** *f pl*	[se'ɲoras]
meine Herren	**señores** *m pl*	[se'ɲores]
Nachname	**apellido** *m*	[ape'ʎiðo]
Name	**nombre** *m*	['nombre]
Sohn	**hijo** *m*	['ixo]
Tochter	**hija** *f*	['ixa]
verabreden	**citarse**	[θi'tarse]
verabschieden	**despedirse**	[despe'ðirse]
Vorname	**nombre** *m*	['nombre]

i

In Spanien duzt man sich wesentlich öfter als in Deutschland. In Geschäften, öffentlichen Büros und im Beruf verzichtet man meistens auf die Höflichkeitsformen. Die einfachste Form des Grußes zu jeder Uhrzeit ist: „¡Hola! ¿Qué tal?", „¡Buenos días!" sagt man am Vormittag bis ca. 14:00 Uhr, „¡Buenas tardes!" ist der Gruß von 14:00 bis ca. 20:00 Uhr, „¡Buenas noches!" gebraucht man ab ca. 20:00 Uhr.

Wie bitte?	**¿Cómo dice?**	['komo 'diθe]
Ich habe nicht alles verstanden.	**No lo he entendido todo.**	[no lo e enten'tiðo 'toðo]
Verstehen Sie mich?	**¿Me entiende?**	[me en'tjende]
Ich verstehe Sie nicht.	**No le entiendo.**	[no le en'tjendo]
Könnten Sie das für mich übersetzen?	**¿Me lo podría traducir, por favor?**	[me lo po'ðria tradu'θir por fa'βor]
Könnten Sie mir das bitte aufschreiben?	**¿Me lo podría escribir, por favor?**	[me lo po'ðria eskri'βir por fa'βor]
Bitte sprechen Sie etwas langsamer.	**Hable un poquito más despacio, por favor.**	['aβle un po'kito mas des'paθjo por fa'βor]
Können Sie mir helfen?	**¿Me podría ayudar?**	[me po'ðria aju'ðar]
Buchstabieren/ Wiederholen Sie das bitte.	**¿Me lo podría deletrear/repetir, por favor?**	[me lo po'ðria deletre'ar/rrepe'tir por fa'βor]

Was bedeutet das?	**¿Qué quiere decir?**	[ke 'kjere de'θir]
Was heißt ... auf Deutsch/Spanisch/ Französisch?	**¿Qué significa... en alemán/español/ francés?**	[ke signi'fika ... en ale'man/ espa'ɲol/fran'θes]
Wie spricht man dieses Wort aus?	**¿Cómo se pronuncia esta palabra?**	['komo se pro'nunθja 'esta pa'laβra]
Glückwunsch!	**¡Felicidades!**	[feliθi'ðaðes]
Das ist eine großartige Nachricht!	**¡Estupendo, esta es una buena noticia!**	[estu'pendo, 'esta es 'una 'bwena no'tiθja]
Das tut mir wirklich leid.	**Lo siento mucho, de verdad.**	[lo 'sjento 'mutʃo de ber'ðað]
Das ist eine schreckliche Nachricht.	**Esta es una mala noticia.**	['esta es 'una 'mala no'tiθja]
Das ist mir peinlich.	**Me da vergüenza.**	[me da ber'gwenθa]
Es ist bedauerlich, dass ...	**Es una pena que...**	[es 'una 'pena ke ...]
Es tut mir leid.	**Lo siento.**	[lo 'sjento]

Das macht nichts.	**No importa.**	[no im'porta]
Darf ich?	**¿Puedo?**	['pweðo]
Bitte sehr!	**Por favor.**	[por fa'βor]
Ja, bitte.	**Sí, por favor.**	[si por fa'βor]
Nein, danke.	**No, gracias.**	[no 'graθjas]
Wie bitte?	**¿Cómo dice?**	['komo 'diθe]
Sehr gut!	**¡Muy bien!**	[mwi 'bjen]
Gern geschehen!	**Lo he hecho encantado/-a.**	[lo e 'etʃo eŋkan'taðo/a]
Viel Vergnügen!	**¡Que lo pase bien!**	[ke lo 'pase 'bjen]
Vielen Dank.	**Muchas gracias.**	['mutʃas 'graθjas]
Danke gleichfalls.	**Gracias, igualmente.**	['graθjas, igwal'mente]
Ich glaube, dass ...	**Creo que...**	['kreo ke ...]
Ich könnte mir vorstellen ...	**Me podría imaginar...**	[me po'ðria imaxi'nar ...]

Ich möchte sagen, dass ...	**Quiero decir que...**	['kjero de'θir ke ...]
Ich gehe davon aus, dass ...	**Parto de que...**	['parto de ke ...]
Aufrichtig gesprochen ...	**En honor a la verdad...**	[en o'nor a la ber'ðað ...]
Eigentlich ...	**En realidad...**	[en rreali'ðað ...]
Da haben Sie mich falsch verstanden.	**Creo que usted no me ha entendido muy bien.**	['kreo ke us'teð no me a enten'diðo 'mwi 'bjen]
Das war ein Missverständnis.	**Ha sido un malentendido.**	[a 'siðo un malenten'diðo]
Man könnte sagen, dass ...	**Se podría decir que...**	[se po'ðria de'θir ke ...]
Auf keinen Fall.	**De ninguna manera.**	[de niŋ'guna ma'nera]
Das geht doch nicht.	**Eso no puede ser.**	['eso no 'pweðe ser]
Ich weiß noch nicht.	**Todavía no lo sé.**	[toða'βia no lo se]
Wie schade.	**Qué pena.**	[ke 'pena]

Abschied	**despedida** *f*	[despe'ðiða]
Absicht	**intención** *f*	[inten'θjon]
Akzent	**acento** *m*	[a'θento]
andererseits	**por otro lado**	[por 'otro 'laðo]
antworten	**contestar**	[kontes'tar]
Antwort	**respuesta** *f*	[rres'pwesta]
aufschreiben	**escribir**	[eskri'βir]
ausdrücken	**expresar**	[espre'sar]
Aussprache	**pronunciación** *f*	[pronunθja'θjon]
aussprechen	**pronunciar**	[pronun'θjar]
beabsichtigt	**previsto**	[pre'bisto]
bedauern	**lamentar**	[lamen'tar]
Bedenken	**dudas** *f pl*	['duðas]
Bild	**foto** *f*/**cuadro** *m*	['foto/'kwaðro]

„Hasta la vista" ist zwar ein sehr bekannter Ausruf, er wird aber von Spaniern so gut wie gar nicht verwendet. Stattdessen verabschieden sich Muttersprachler mit „Hasta luego" (Bis bald!).

Dialekt	**dialecto** *m*	[dja'lekto]
Dolmetscher	**intérprete** *m/f*	[in'terprete]
Einladung	**invitación** *f*	[inbita'θjon]
falsch verstehen	**entender mal**	[enten'der mal]
flüstern	**susurrar**	[susu'rrar]
fragen	**preguntar**	[pregun'tar]
Frage	**pregunta** *f*	[pre'gunta]
Freude	**alegría** *f*	[ale'gria]
Gespräch	**conversación** *f*	[konβersa'θjon]

Gestik	**gesticulación** *f*	[xestikula'θjon]
gestikulieren	**gesticular**	[xestiku'lar]
Glückwunsch	**felicidades** *f pl*	[feliθi'ðaðes]
herzlich	**entrañable**	[entra'ɲaβle]
Hinweis	**indicación** *f*	[inðika'θjon]
Information	**información** *f*	[informa'θjon]
informieren	**informar**	[infor'mar]
Inhalt	**contenido** *m*	[konte'niðo]
Körpersprache	**lenguaje** *m* **corporal**	[leŋ'guaxe korpo'ral]
langsam	**despacio**	[des'paθjo]
laut	**alto**	['alto]
leise	**bajito**	[ba'xito]
lesen	**leer**	[le'er]
Mimik	**mímica** *f*	['mimika]
Missverständnis	**malentendido** *m*	[malenten'diðo]
missverstehen	**malentender**	[malenten'der]
nachlesen	**verificar**	[berifi'kar]
Nachricht	**recado** *m*	[rre'kaðo]
Notizblock	**bloc** *m* **de notas**	[blok de 'notas]
Notiz	**noticia** *f*	[no'tiθja]
Peinlichkeit	**vergüenza** *f*	[ber'gwenθa]
Pfeil	**flecha** *f*	['fletʃa]
Problem	**problema** *m*	[pro'βlema]
rufen	**llamar**	[ʎa'mar]
sagen	**decir**	[de'θir]
schnell	**rápido**	['rrapiðo]
schreien	**gritar**	[gri'tar]
sehr gut	**muy bien**	[mwi 'bjen]
sprechen	**hablar**	[a'βlar]

stottern	**tartamudear**	[tartamuðe'ar]
Streit	**pelea** *f*	[pe'lea]
träumen von	**soñar con**	[so'ɲar kon]
übersetzen (Schiff)	**pasar**	[pa'sar]
unterbrechen	**interrumpir**	[interrum'pir]
verstehen	**comprender**	[kompren'der]
Verständnis-schwierigkeit	**dificultad** *f* **de entenderse**	[difikul'tað de enten'derse]
Verständnis	**comprensión** *f*	[kompren'sjon]
Verzeihung	**perdón** *m*	[per'ðon]

Toiletten bezeichnet man im Spanischen als „aseo", „lavabo" oder „servicios". Es ist üblich, ein Trinkgeld für das Reinigungspersonal zu hinterlassen.

viel	**mucho**	['mutʃo]
Vokabel	**vocablo** *m*	[bo'kaβlo]
wenig	**poco**	['poko]
wiederholen	**repetir**	[rrepe'tir]
wissen	**saber**	[sa'βer]
Wort	**palabra** *f*	[pa'laβra]
wunderschön	**maravilloso**	[maraβi'ʎoso]
wundervoll	**maravilloso**	[maraβi'ʎoso]
Wörterbuch	**diccionario** *m*	[digθjo'narjo]
zeigen	**mostrar**	[mos'trar]
Zettel	**nota** *f*	['nota]
zufrieden	**contento**	[kon'tento]

i

Selbst wenn man eine Fremdsprache perfekt beherrscht, kann es doch passieren, dass man ungewollt in Fettnäpfchen tritt, weil man die Gepflogenheiten des jeweiligen Gastlandes nicht kennt.

Im Allgemeinen sind Spanier zwar pünktlich, jedoch gibt es regionale Unterschiede, nach denen man sich richten sollte. Bei einer Einladung ins private Heim eines Spaniers kommt man immer ca. 15 Minuten später als verabredet und bringt eine Kleinigkeit mit. Oft wird man aber auch gar nicht nach Hause eingeladen. Spanier treffen Freunde und Bekannte viel lieber in Bars und Restaurants als in den privaten vier Wänden.

In Deutschland bezahlt in der Regel jeder an der Bar oder im Restaurant genau das, was er auch tatsächlich verzehrt hat. In Spanien werden Rechnungen an der Bar von einer Person beglichen. Die darauf folgende Runde geht dann an eine andere Person. Bei Restaurantbesuchen mit Freunden und Bekannten teilt man den Gesamtrechnungsbetrag einfach durch die Anzahl der anwesenden Personen, egal, wie viel jeder einzelne konsumiert hat.

Was das Trinkgeld angeht, so wird nicht wie in Deutschland aufgerundet. Stattdessen hinterlässt man beim Gehen den passenden Betrag – etwa fünf bis zehn Prozent gelten als angemessen.

Genau wie in Deutschland sind die Themen, über die in Spanien unter Freunden gesprochen wird, sehr weit gefächert. Jedoch sollte man Gespräche über den Nationalismus in Katalonien und im Baskenland, den dort herrschenden Terrorismus und die Zeit der Francodiktatur vermeiden.

Diese Themen setzen bei dem deutschen Besucher gute Geschichtskenntnisse voraus und treffen beim spanischen Gesprächspartner auf wenig Gegenliebe.

Wie heißen Sie?/ Wie heißt du?	**¿Cómo se llama?/ ¿Como te llamas?**	['komo se'ʎama/ 'komo te 'ʎamas]
Ich heiße ...	**Me llamo...**	[me 'ʎamo ...]
Was sind Sie von Beruf?	**¿Qué hace?**	[ke 'aθe]
Was studieren Sie?	**¿Qué estudia?**	[ke es'tuðja]
Wie alt sind Sie?/ Wie alt bist du?	**¿Cuántos años tiene?/tienes?**	['kwantos 'aɲos 'tjene/'tjenes]
Woher kommen Sie?	**¿De dónde es?**	[de 'donde es]
Wie geht's?	**¿Qué tal?**	[ke tal]
Sehr gut, danke.	**Muy bien, gracias.**	[mwi 'bjen 'graθjas]
Nicht so gut.	**Pues, no muy bien.**	[pwes no mwi bjen]
Mögen Sie Sport?	**¿Le gusta el deporte?**	[le 'gusta el de'porte]
Haben Sie Feuer?	**¿Tiene fuego?**	['tjene 'fwego]

Möchten Sie eine Zigarette?	**¿Quiere un cigarrillo?**	[ˈkjere un θigaˈrriʎo]
Hast du Lust, mich zu einer Party zu begleiten?	**¿Tienes ganas de acompañarme a una fiesta?**	[ˈtjenes ˈganas de akompaˈɲarme a ˈuna ˈfjesta]
Wundervoll. Ich werde gerne kommen.	**Estupendo. Iré con mucho gusto.**	[estuˈpendo iˈre kon ˈmutʃo ˈgusto]
Tut mir leid, aber ich kann leider nicht kommen.	**Lo siento mucho pero no puedo ir.**	[lo ˈsjento ˈmutʃo ˈpero no ˈpweðo ir]
Entschuldigen Sie die Verspätung.	**Perdone el retraso.**	[perˈðone el rreˈtraso]
Darf ich mich setzen?	**¿Puedo sentarme?**	[ˈpweðo senˈtarme]
Es tut mir leid, hier ist besetzt.	**Lo siento, está ocupado.**	[lo ˈsjento esˈta okuˈpaðo]
Setzen Sie sich.	**Siéntese.**	[ˈsjentese]
Störe ich?	**¿Molesto?**	[moˈlesto]
Nein, du störst/Sie stören überhaupt nicht.	**No, no molestas/ molesta en absoluto.**	[no no moˈlestas/ moˈlesta en aβsoˈluto]

Haben Sie Lust, mich zu begleiten?	**¿Quiere acompañarme?**	[ˈkjere akompaˈɲarme]
Darf ich Sie/dich nach Hause bringen?	**¿Puedo llevarle/ llevarte a casa?**	[pweðo ʎeˈβarle/ ʎeˈβarte a ˈkasa]
Möchten Sie tanzen?	**¿Quiere usted bailar?**	[ˈkjere usˈteð baiˈlar]
Sehr gerne.	**Con mucho gusto.**	[kon ˈmutʃo ˈgusto]
Möchten Sie am ... mit uns zu Abend essen?	**¿Quiere usted cenar con nosotros el...?**	[ˈkjere usˈteð θeˈnar kon noˈsotros el ...]
Mit Vergnügen.	**Encantado/-a.**	[eŋkanˈtaðo/a]
Ich bin auf dem Weg zum Strand.	**Voy a la playa.**	[boj a la ˈplaja]
Ich gehe gerade einkaufen.	**Voy a la compra.**	[boj a la ˈkompra]
Machen Sie Urlaub hier?	**¿Está usted de vacaciones?**	[esˈta usˈteð de bakaˈθjones]
Wie oft waren Sie denn schon hier?	**¿Cuántas veces ha estado aquí ya?**	[ˈkwantas ˈbeθes a esˈtaðo aˈki ja]

Reisen Sie sehr viel?	**¿Viaja usted mucho?**	['biaxa us'teð 'mutʃo]
Gefällt Ihnen ...?	**¿Le gusta...?**	[le 'gusta ...]
Es gefällt mir sehr gut.	**Me encanta.**	[me eŋ'kanta]
Wohnen Sie hier?	**¿Vive usted aquí?**	['biβe us'teð a'ki]
Wollen wir heute etwas zusammen unternehmen?	**¿Por qué no hacemos algo juntos hoy?**	[por ke no a'θemos 'algo 'xuntos oj]
Vielen Dank für den wunderschönen Tag!	**Muchas gracias. Ha sido un día estupendo.**	['mutʃas 'graθjas a 'siðo un 'dia estu'pendo]
Sehen wir uns denn noch einmal?	**¿Nos vemos otro día?**	[nos 'bemos 'otro 'dia]
Morgen um dieselbe Zeit?	**¿Mañana a la misma hora?**	[ma'ɲana a la 'misma 'ora]
Tut mir leid, aber ich muss jetzt gehen.	**Lo siento pero tengo que irme.**	[lo 'sjento 'pero 'teŋgo ke 'irme]
Alles Gute!	**¡Que te vaya bien!**	[ke te 'baja 'bjen]
Bis morgen!	**¡Hasta mañana!**	['asta ma'ɲana]

Der Strand ist wunderschön/ überfüllt.	**La playa es maravillosa/está demasiado llena.**	[la 'plaja es maraβi'ʎosa/es'ta dema'sjaðo 'ʎena]
Unser Hotel ist mitten im Zentrum von ...	**Nuestro hotel se encuentra en el centro de...**	['nwestro o'tel se eŋ'kwentra en el 'θentro de ...]
Es gibt hier sehr viel zu sehen.	**Aquí hay muchas cosas para ver.**	[a'ki aj 'mutʃas 'kosas 'para ber]
... ist eine fantastische Stadt.	**... es una ciudad fantástica.**	[... es 'una θju-'ðað fan'tastika]
Die Landschaft ist wunderschön.	**El paisaje es muy bonito.**	[el pai'saxe es mwi bo'nito]
Ich bin ... Jahre alt.	**Tengo... años.**	['teŋgo ... 'aɲos]
Ich bin Deutsche(r).	**Soy alemán/ alemana.**	[soj ale'man/ ale'mana]
Ich arbeite als Lehrer/ Beamter/ Maler/ ...	**Soy profesor/funcionario/pintor/...**	[soj profe'sor/ funθjo'nario/ pin'tor ...]
Sprechen Sie Deutsch/ Englisch/Französisch?	**¿Habla usted alemán/inglés/francés?**	['aβla us'teð ale'man/in'gles/ fran'θes]

Abend	**tarde/noche** *f*	[ˈtarðe/ˈnotʃe]
Alkohol	**alcohol** *m*	[alˈkol]
Arbeit	**trabajo** *m*	[traˈβaxo]
deutsch	**alemán**	[aleˈman]
Diskothek	**discoteca** *f*	[diskoˈteka]
essen	**comer**	[koˈmer]
Ferien	**vacaciones** *f pl*	[bakaˈθjones]
Feuerzeug	**mechero** *m*	[meˈtʃero]
Frau	**mujer/señora** *f*	[muˈxer/seˈɲora]
Freund	**amigo/novio** *m*	[aˈmigo/ˈnoβjo]
Freundin	**amiga/novia** *f*	[aˈmiga/ˈnoβja]
früh	**temprano**	[temˈprano]
gestern	**ayer**	[aˈjer]
Getränk	**bebida** *f*	[beˈβiða]
Glas	**vaso** *m*	[ˈbaso]
heiß	**caliente**	[kaˈljente]
heute	**hoy**	[oi]
Hobby	**hobby** *m*	[ˈxoβi]
Hotel	**hotel** *m*	[oˈtel]
Interessen	**aficiones** *f pl*	[afiˈθjones]
joggen	**correr**	[koˈrrer]
Kind	**niño/-a** *m/f*	[ˈniɲo/a]
Kino	**cine** *m*	[ˈθine]
Mittag	**mediodía** *m*	[meðjoˈdia]
morgen	**mañana**	[maˈɲana]
Nacht	**noche** *f*	[ˈnotʃe]
Regen	**lluvia** *f*	[ˈʎuβja]
schlecht	**malo/mal**	[ˈmalo/mal]
schön	**bonito/bueno**	[boˈnito/ˈbweno]
Schwimmbad	**piscina** *f*	[pisˈθina]

schwül	**bochornoso**	[botʃor'noso]
Sohn	**hijo** *m*	['ixo]
Sonne	**sol** *m*	[sol]
spät	**tarde**	['tarðe]
spazieren	**pasear**	[pase'ar]
Sport	**deporte** *m*	[de'porte]
sprechen	**hablar**	[a'βlar]

i

Durchschnittlich gehen Spanier an drei oder vier Abenden in der Woche aus. Die beliebtesten Treffpunkte sind Bars und Kinos. In den großen Städten erscheint jeden Donnerstag der Szeneführer „La guía del ocio", in dem alle Freizeitaktivitäten der kommenden Woche zu finden sind. So zum Beispiel: Kino- und Theaterprogramme, Öffnungszeiten der Museen und Schwimmbäder, Ausstellungen etc.

Tanz	**baile** *m*	['baile]
Temperatur	**temperatura** *f*	[tempera'tura]
Tochter	**hija** *f*	['ixa]
Uhr	**reloj** *m*	[rre'lox]
Uhrzeit	**hora** *f*	['ora]
Urlaub	**vacaciones** *f pl*	[baka'θjones]
Verzeihung	**perdón** *m*	[per'ðon]
wechselhaft	**variable**	[ba'rjaβle]
Wein	**vino** *m*	['bino]
Wetter	**tiempo** *m*	['tjempo]
Wetterbericht	**pronóstico** *m* **meteorológico**	[pro'nostiko meteoro'loxiko]
Zigaretten	**cigarrillos** *m pl*	[θiga'rriʎos]

Wo ist die nächste Telefonzelle?	**¿Dónde hay una cabina por aquí?**	[ˈdonde aj ˈuna kaˈbina por aˈki]
Haben Sie eine Telefonkarte?	**¿Tiene una tarjeta telefónica?**	[ˈtjene ˈuna tarˈxeta teleˈfonika]
Wie lautet die Vorwahl von ...?	**¿Cuál es el prefijo de...?**	[ˈkwal es el preˈfixo de ...]
Hier spricht ...	**Habla...**	[ˈaβla ...]
Mit wem spreche ich?	**¿Con quién hablo?**	[kon kjen ˈaβlo]
Ich möchte gerne Herrn .../Frau ... sprechen.	**Quería hablar con el señor.../la señora...**	[kerˈia aˈβlar kon el seˈɲor .../ la seˈɲora ...]
Ich verbinde Sie.	**Le paso la llamada.**	[le ˈpaso la ʎaˈmaða]
Einen Augenblick, bitte.	**Un momento, por favor.**	[un moˈmento, por faˈβor]
Es tut mir leid, der Anschluss ist besetzt.	**Lo siento, pero comunica.**	[lo ˈsjento ˈpero komuˈnika]
Haben Sie seine/ihre Durchwahl?	**¿Tiene usted su número directo?**	[ˈtjene usˈteð su ˈnumero diˈrekto]

Möchten Sie ihm/ ihr eine Nachricht hinterlassen?	**¿Quiere dejarle un recado?**	[ˈkjere deˈxarle un reˈkaðo]
Könnte er/sie mich zurückrufen?	**¿Podría llamarme?**	[poˈðria ʎaˈmarme]
Hat er/sie Ihre Nummer?	**¿Tiene su número?**	[ˈtjene su ˈnumero]
Könnten Sie mir Ihre Telefonnummer geben?	**¿Podría darme su número?**	[ˈpoðria ˈdarme su ˈnumero]
Meine Telefonnummer ist ...	**Mi número es el...**	[mi ˈnumero es el ...]
Richten Sie ihm/ihr bitte Grüße aus.	**Salúdelo/-la de mi parte.**	[saˈluðelo/la de mi ˈparte]
Tut mir leid, Sie haben sich verwählt.	**Lo siento, se ha equivocado.**	[lo ˈsjento, se a ekiβoˈkaðo]
Mein Handyakku ist leer.	**El móvil se ha quedado sin batería.**	[el ˈmoβil se a keˈðaðo sin bateˈria]
Kann ich mein Handy bei Ihnen aufladen?	**¿Puedo cargar mi móvil aquí?**	[ˈpweðo karˈgar mi ˈmoβil aˈki]

Haben Sie Prepaidkarten der Mobilfunkgesellschaft ...?	**¿Tiene usted tarjetas de prepago de la compañía telefónica...?**	[ˈtjene usˈteð tarˈxetas de preˈpago de la kompaˈɲia teleˈfonika]
Wo finde ich das nächste Internetcafé?	**¿Dónde puedo encontrar el cibercafé más cercano?**	[ˈdonde ˈpweðo eŋkonˈtrar el θiβerkaˈfe mas θerˈkano]
Wie viel kostet eine Stunde?	**¿Cuánto cuesta una hora?**	[ˈkwanto ˈkwesta ˈuna ˈora]
Wo kann ich ins Internet gehen?	**¿Dónde puedo conectarme a internet?**	[ˈdonde ˈpueðo konekˈtarme a interˈnet]
Welchen Computer kann ich nutzen?	**¿Qué ordenador puedo usar?**	[ke orðenaˈðor ˈpweðo ˈusar]
Wie logge ich mich ein?	**¿Cómo inicio la sesión?**	[ˈkomo iˈniθjo la seˈsjon]
Verfügt das Zimmer über WLAN?	**¿La habitación tiene WiFi?**	[la aβitaˈθjon ˈtjene ˈuifi]
Ich möchte eine E-Mail senden.	**Quería enviar un e-mail.**	[keˈria embiˈar un iˈmeil]

Ich möchte meine Mails checken.	**Quería revisar mi cuenta de correo electrónico.**	[ke'ria rreβi'sar mi 'kwenta de ko'rreo elek'troniko]
Kann ich von hier ein Fax senden?	**¿Puedo mandar un fax desde aquí?**	['pweðo man'dar un fags 'desðe a'ki]
Kann ich eine Seite ausdrucken?	**¿Puedo imprimir una página?**	['pweðo impri'mir una 'paxina]
Ich möchte etwas scannen.	**Quería escanear algo.**	['ke'ria eskane'ar 'algo]
Ich habe Probleme mit dem Computer.	**Tengo problemas con el ordenador.**	['teŋgo pro'βlemas kon el orðena'ðor]
Wie ist Ihre E-Mail-Adresse?	**¿Cuál es su dirección de correo electró-nico?**	['kwal es su direg'θjon de ko'rreo elek'troniko]
Haben Sie eine Home-page?	**¿Tiene usted una página web?**	['tjene us'teð una 'paxina web]
Bitte bleiben Sie in der Leitung?	**Por favor, permanez-ca conectado.**	[por fa'βor perma'neθka konek'taðo]

Akku	**batería** *f*	[bate'ria]
Anrufen, telefonieren	**llamar por teléfono**	[ʎa'mar por te'lefono]
besetzt	**ocupado**	[oku'paðo]
E-Mail	**e-mail**	[i'meɪl]
E-Mail-Adresse	**dirección de correo electrónico**	[direg'θjon de ko'r-reo elek'troniko]
Handy	**móvil** *m*	['moβil]
Internet	**internet** *m/f*	[inter'net]
Internetcafé	**cibercafé** *m*	[θiβerka'fe]
Internetanschluss	**conexión** *f* **a internet**	[koneg'sjon a inter'net]
Ladegerät	**cargador** *m*	[karga'ðor]
Laptop	**ordenador** *m* **portátil**	[orðena'ðor por'tatil]
Netzempfang	**recepción** *f*	[rreθeβ'θjon]
Ortsgespräch	**llamada** *f* **urbana**	[ʎa'maða ur'βana]
Prepaidkarte	**tarjeta** *f* **prepago**	[tar'xeta pre'pago]
SIM-Karte	**tarjeta** *f* **SIM**	[tar'xeta sim]
Smartphone	**teléfono** *m* **inteligente**	[te'lefono inteli'xente]
SMS	**SMS** *m*	[es em es]
Telefonzelle	**cabina** *f* **telefónica**	[ka'βina tele'fonika]
USB-Stick	**memoria** *f* **USB**	[me'morja u ese βe]
verbinden	**conectarse**	[konek'tarse]
Vorwahl	**prefijo** *m*	[pre'fixo]
wählen	**marcar**	[mar'kar]
WLAN	**WiFi**	['wifi]

Reise & Verkehr

Wo ist/sind ...?	**¿Dónde hay...?**	['donde aj ...]
Wie komme ich nach ...?	**¿Cómo se va a...?**	['komo se ba a ...]
Kennen Sie die ... Straße?	**¿Sabe usted dónde está la calle...?**	['saβe us'teð 'donde es'ta la 'kaʎe ...]
Wo liegt bitte diese Adresse?	**¿Dónde está esta dirección?**	['donde es'ta 'esta direg'θjon]
Kann ich bis ins Zentrum der Stadt fahren?	**¿Puedo ir en coche hasta el centro de la ciudad?**	['pweðo ir en 'kotʃe 'asta el 'θentro de la θju'ðað]
Das ist eine Einbahnstraße.	**Esta es una calle de sentido único.**	['esta es 'una 'kaʎe de sen'tiðo 'uniko]
Sie müssen umkehren.	**Tiene que dar la vuelta.**	['tjene ke dar la 'bwelta]
Ist das die Straße nach ...?	**¿Es ésta la carretera de...?**	[es 'esta la karre'tera de ...]
Bin ich hier richtig nach ...?	**¿Voy bien por aquí a...?**	[boj 'bjen por a'ki a ...]

Sie sind richtig.	**Por aquí va bien.**	[por a'ki ba 'bjen]
Folgen Sie den Schildern, auf denen ... steht.	**Siga las señales en las que pone...**	['siga las se'ɲales en las ke 'pone ...]
Diese Straße ist nicht die richtige.	**Esta carretera no es la correcta.**	['esta karre'tera no es la ko'rrekta]
Sie müssen umkehren, bis Sie ...	**Tiene que dar la vuelta hasta...**	['tjene ke dar la 'bwelta 'asta]
Ist das weit?	**¿Está lejos?**	[es'ta 'lexos]
Muss ich zu/nach ... fahren?	**¿Tengo que ir a/ hasta...?**	['teŋgo ke ir a/'asta]
Wie viele Kilometer sind es bis ...?	**¿Cuántos kilómetros hay hasta...?**	['kwantos ki'lometros aj 'asta]
Können Sie mir den Ort/die Straße bitte auf der Karte zeigen?	**¿Puede señalarme el lugar/la calle en el plano?**	['pweðe seɲa'larme el lu'gar/la 'kaʎe en el 'plano]
Gibt es hier eine Autobahn?	**¿Hay una autopista por aquí?**	[aj 'una auto'pista por a'ki]

Wie weit ist es wohl bis ... ?	**¿Cuánto habrá hasta...?**	['kwanto a'βra 'asta ...]
Wie lange brauche ich wohl mit dem Auto?	**¿Cuánto se tardará en coche?**	['kwanto se tarða'ra en 'kotʃe]
Kann ich das Ziel bis heute Mittag/Abend/ Nacht erreichen?	**¿Cree que llegaré antes de mediodía/ esta tarde/ esta noche?**	['kree ke ʎega're 'antes de meðjo'ðia/ 'esta 'tarðe/'esta 'notʃe]
Fahren Sie geradeaus.	**Siga todo recto.**	['siga 'toðo 'rrekto]
Fahren Sie bis zur ersten/zweiten/dritten Kreuzung.	**Siga hasta el primer/ segundo/ tercer cruce.**	['siga 'asta el pri'mer/se'gundo/ ter'θer 'kruθe]
Biegen Sie an der Ampel rechts/links ab.	**En el semáforo, gire a la derecha/ izquierda.**	[en el se'maforo 'xire a la de'retʃa/ iθ'kjerða]
Sie müssen über die Brücke und danach rechts/links abbiegen.	**Tiene que pasar el puente y luego girar a la derecha/ izquierda.**	['tjene ke pa'sar el 'pwente i 'lwego xi'rar a la de'retʃa/ iθ'kjerða]

Abfahrt	**salida** *f*	[sa'liða]
Abkürzung	**atajo** *m*	[a'taxo]
Ampel	**semáforo** *m*	[se'maforo]
andere Seite	**el otro lado**	[el 'otro 'lado]
Auffahrt	**entrada** *f*	[en'traða]
Autobahn	**autopista** *f*	[auto'pista]
Brücke	**puente** *m*	['pwente]
danach	**después**	[des'pwes]
davor	**antes**	['antes]
Dorf	**pueblo** *m*	['pweβlo]
Einbahnstraße	**calle** *f* **de sentido único**	['kaʎe de sen'tiðo 'uniko]
Einmündung	**desembocadura** *f*	[desemboka'ðura]
falsch	**equivocado**	[ekibo'kaðo]
Fluss	**río** *m*	['rrio]
gegenüber	**enfrente**	[en'frente]
hinter	**detrás**	[de'tras]
Kirche	**iglesia** *f*	[i'glesja]
Kreisverkehr	**rotonda** *f*	[rro'tonda]
Kreuzung	**cruce** *m*	['kruθe]
Landstraße	**carretera** *f*	[karre'tera]
Landkarte	**mapa** *m*	['mapa]
links	**a la izquierda**	[iθ'kjerða]
Mautstellen	**cabinas** *f pl* **de peaje**	[ka'βinas de pe'axe]
nächste/r	**próximo/-a**	['progsimo/a]
neben	**al lado**	[al 'laðo]
Norden	**Norte** *m*	['norte]
Ort	**sitio** *m*	['sitjo]
Osten	**Este** *m*	['este]

parken	**aparcar**	[apar'kar]
rechts	**a la derecha**	[a la de'retʃa]
richtig	**correcto**	[ko'rrekto]
Sackgasse	**callejón** *m* **sin salida**	[kaʎe'xon sin sa'lida]
Spur	**carril** *m*	[ka'rril]
Stadt	**ciudad** *f*	[θju'ðað]
Straße	**calle** *f*/**carretera** *f*	['kaʎe/karre'tera]

i

In jeder Stadt und in jedem Dorf gibt es außer den bekannten Supermärkten auch noch die „mercados". Dies sind überdachte Märkte, in denen frische Lebensmittel aus dem Umland zu günstigen Preisen angeboten werden.

Stadtplan	**plano** *m* **de la ciudad**	['plano de la θju'ðað]
Straßenschild	**señal** *f*	[se'ɲal]
Süden	**Sur** *m*	[sur]
Telefonzelle	**cabina** *f*	[ka'βina]
Tankstelle	**gasolinera** *f*	[gasoli'nera]
umdrehen	**dar la vuelta**	[dar la 'bwelta]
Umweg	**rodeo** *m*	[rro'ðeo]
verkehrt	**equivocado**	[ekiβo'kaðo]
Westen	**Oeste** *m*	[o'este]
wie lange	**cuánto tiempo**	['kwanto 'tjempo]
wo	**dónde**	['donde]
Zentrum	**centro** *m*	['θentro]

Ich suche eine Autovermietung.	**Estoy buscando una oficina de alquiler de coches.**	[es'toj bus'kando 'una ofi'θina de alki'ler de 'kotʃes]
Ich möchte ein Auto/einen Geländewagen (mit Fahrer) mieten.	**Quería alquilar un coche/un todoterreno (con conductor).**	[ke'ria alki'lar un 'kotʃe/un toðote'rreno (kon konduk'tor)]
Wo kann ich den Wagen zurückgeben?	**¿Dónde puedo devolver el coche?**	['donde 'pweðo deβol'βer el 'kotʃe]
Wie viele Kilometer sind frei?	**¿Cuál es el límite de kilómetros?**	['kwal es el 'limite de ki'lometros]
Wann/Wo kann ich den Wagen abholen?	**¿Cuándo/Dónde puedo recoger el coche?**	['kwando/'donde 'pweðo rreko'xer el 'kotʃe]
Ist der Wagen vollkaskoversichert?	**¿Está asegurado a todo riesgo?**	[es'ta asegu'raðo a 'toðo 'rrjesgo]
Ich habe eine Panne.	**Tengo una avería.**	['teŋgo 'una aβe'ria]
Können Sie den Pannendienst rufen?	**¿Puede llamar al servicio de averías?**	['pweðe ʎa'mar al ser'biθjo de aβe'rias]

Wissen Sie, wo hier eine Werkstatt ist?	**¿Sabe dónde hay un taller?**	['saβe 'donde aj un ta'ʎer]
Ich glaube, der Auspuff ist defekt.	**Creo que el tubo de escape está averiado.**	['kreo ke el 'tuβo de es'kape es'ta abe'riaðo]
Die Heizung ist defekt. Sie geht nicht mehr an/aus.	**La calefacción está averiada. No se enciende/apaga.**	[la kalefag'θjon es'ta abe'riaða no se en'θjenðe/ a'paga]
Können Sie in etwa sagen, was das kosten wird?	**¿Cuánto costará, más o menos?**	['kwanto kosta'ra, mas o 'menos]
Bitte kontrollieren Sie den Reifendruck/ die Bremsflüssigkeit/ das Kühlwasser/den Ölstand.	**Por favor, mire la presión de las ruedas/el líquido de frenos/el agua/el aceite.**	[por fa'βor 'mire la pre'sjon de las 'rrweðas/el 'likiðo de 'frenos/el 'agwa/ el a'θejte]
Bitte wechseln Sie die Zündkerzen/das Öl.	**Por favor, cambie las bujías/el aceite.**	[por fa'βor 'kambje las bu'xias/el a'θejte]
Gibt es hier eine Autowaschanlage?	**¿Tienen lavado automático?**	['tjenen la'βaðo auto'matiko]

Volltanken, bitte!	**Lleno, por favor.**	['ʎeno por fa'βor]
Geben Sie mir 30 Liter Normalbenzin/Super/ Diesel.	**Quería 30 litros de normal/súper/ gasoil.**	[ke'ria trejnta 'litros de nor'mal/ 'super/ga'sojl]
Wo kann ich meinen Wagen unterstellen?	**¿Dónde puedo dejar el coche?**	['donde 'pweðo de'xar el 'kotʃe]
Ist die Garage die ganze Nacht geöffnet?	**¿El garage está abierto toda la noche?**	[el ga'raxe es'ta a'βjerto 'toða la 'notʃe]
Wie lange darf man hier parken?	**¿Cuánto tiempo se puede aparcar aquí?**	['kwanto 'tjempo se 'pweðe apar'kar a'ki]
Kann ich meinen Wagen hier stehen lassen?	**¿Puedo dejar aquí el coche?**	['pweðo de'xar a'ki el 'kotʃe]
Wir sind mit dem Auto gekommen.	**Hemos venido en coche.**	['emos be'niðo en 'kotʃe]

i

Autofahren in Spanien kostet Geld, außer Sie nutzen Neben- und Landstraßen. Auf den meisten Autobahnen müssen Sie Gebühren entrichten, die sich nach Länge der gefahrenen Strecke und auch nach dem Autotyp bemessen.

Ich fahre morgen früh weiter.	**Sigo mañana temprano.**	['sigo ma'ɲana tem'prano]
Welche Höchstgeschwindigkeit/ Geschwindigkeitsbegrenzung gilt hier?	**¿Cuál es el límite de velocidad?**	['kwal es el 'limite de beloθi'ðað]

In Spanien gelten für PKW folgende Geschwindigkeitsbegrenzungen: Innerhalb von Ortschaften 50 km/h, auf Landstraßen 90 km/h und auf Autobahnen 120 km/h.

Muss man eine Autobahngebühr bezahlen?	**¿Hay que pagar peaje?**	[aj ke pa'gar pe'axe]
Kann ich den Wagen in ... abgeben?	**¿Puedo devolver el coche en...?**	['pweðo debol'ber el 'kotʃe en ...]
Können Sie mir Benzin geben?	**¿Puede darme gasolina?**	['pweðe 'darme gaso'lina]
Können Sie mir einen Kostenvoranschlag machen?	**¿Puede hacerme un presupuesto?**	[pweðe a'θerme un presu'pwesto]
Wo kann man hier bleifrei tanken?	**¿Dónde hay gasolina sin plomo?**	['donde aj gaso'lina sin 'plomo]

Abblendlicht	**luz** *f* **de cruce**	['luθ de 'cruθe]
abschleppen	**remolcar**	[rremol'kar]
Abschleppwagen	**grúa** *f*	['grua]
Ampel	**semáforo** *m*	[se'maforo]
anspringen	**arrancar**	[arran'kar]
Auto	**coche** *m*	['kotʃe]
Autobahn	**autopista** *f*	[auto'pista]
Autobahngebühr	**peaje** *m*	[pe'axe]
Benzin	**gasolina** *f*	[gaso'lina]
Beule	**abolladura** *f*	[aboʎa'ðura]
Bußgeld	**multa** *f*	['multa]
Diesel	**gasoil** *m*	[ga'sojl]
Führerschein	**permiso** *m* **de conducir**	[per'miso de kondu'θir]
Gang	**marcha** *f*	['martʃa]
Garage	**garaje** *m*	[ga'raxe]
Kratzer	**arañazo** *m*	[ara'ɲaθo]
Landstraße	**carretera** *f*	[karre'tera]
Licht	**luz** *f*	[luθ]
Motorrad	**moto** *f*	['moto]
Motorroller	**escúter** *f*	[es'kuter]
Normalbenzin	**gasolina** *f* **normal**	[gaso'lina nor'mal]
Notrufsäule	**poste** *m* **de socorro**	['poste de so'korro]
Oktanzahl	**octanaje** *m*	[okta'naxe]
Öl	**aceite** *m*	[a'θejte]
Panne	**avería** *f*	[abe'ria]
Pannendienst	**servicio** *m* **de averías**	[ser'biθjo de abe'rias]

Papiere	**papeles** *m pl*	[pa'peles]
Parkplatz	**aparcamiento** *m*	[aparka'mjento]
Promillegrenze	**límite** *m* **de alcohol**	['limite de al'kol]
Radarkontrolle	**control** *m* **por radar**	[kon'trol por rra'ðar]
Reifendruck	**presión** *f* **de los neumáticos**	[pre'sjon de los new'matikos]
Schnellstraße	**autovía** *f*	[auto'βia]
Stau	**atasco** *m*	[a'tasko]
Straßenkarte	**mapa** *m* **de carreteras**	['mapa de karre'teras]
Superbenzin	**gasolina** *f* **súper**	[gaso'lina 'super]
Tank	**depósito** *m*	[de'posito]
tanken	**echar gasolina**	[e'tʃar gaso'lina]
Tankstelle	**gasolinera** *f*	[gasoli'nera]
Teilkasko	**seguro** *m* **parcial**	[se'guro par'θjal]
überholen	**adelantar**	[aðelan'tar]
Umleitung	**desvío** *m*	[des'βio]
Versicherungsfall	**contingencia** *f* **asegurada**	[kontiŋ'xenθia asegu'rada]
Vollkasko	**seguro** *m* **a todo riesgo**	[se'guro a 'toðo 'rrjesgo]
Warndreieck	**triángulo** *m* **de señalización**	[tri'aŋgulo ðe seɲaliθa'θjon]
Wegweiser	**señal** *f*	[se'ɲal]
Werkstatt	**taller** *m*	[ta'ʎer]
Zündschlüssel	**llave** *f* **de arranque**	['ʎaβe de a'rranke]

Abschleppseil	**cuerda** *f* **de remolque**	['kwerða de rre'molke]
Airbag	**airbag** *m*	['erbeg]
Antenne	**antena** *f*	[an'tena]
Auspuff	**tubo** *m* **de escape**	['tuβo de es'kape]
Außenspiegel	**espejo** *m* **retrovisor exterior**	[es'pexo rretroβi'sor este'rjor]
Benzinkanister	**bidón** *m* **de gasolina**	[bi'ðon de gaso'lina]
Bremsleuchte	**luz** *f* **de frenos**	[luθ de 'frenos]
Fernlicht	**luz** *f* **larga**	[luθ 'larga]
Frontscheibe	**luna** *f* **frontal**	['luna fron'tal]
Handbremse	**freno** *m* **de mano**	['freno de 'mano]
Handschuhfach	**guantera** *f*	[gwan'tera]
Heckscheibe	**luna** *f* **trasera**	['luna tra'sera]
Heizung	**calefacción** *f*	[kalefag'θjon]
Hupe	**bocina** *f*	[bo'θina]
Innenspiegel	**espejo** *m* **retrovisor interior**	[es'pexo rretroβi'sor inte'rjor]
Kilometerzähler	**cuentakilómetros** *m*	[kwentaki'lometros]
Kofferraum	**maletero** *m*	[male'tero]
Kolben	**pistón** *m*	[pis'ton]
Kreuzschlüssel	**llave** *f* **cruzada**	['ʎabe kru'θaða]
Lenkrad	**volante** *m*	[bo'lante]
Luftfilter	**filtro** *m* **del aire**	['filtro del 'aire]
Motor	**motor** *m*	[mo'tor]
Motorhaube	**tapa** *f* **del motor**	['tapa del mo'tor]
Nummernschild	**matrícula** *f*	[ma'trikula]
Pedal	**pedal** *m*	[pe'ðal]

Radio	**radio** *f*	[ˈrraðjo]
Reifen	**neumático** *m*	[newˈmatiko]
Rücksitze	**asientos** *m pl* **traseros**	[aˈsjentos traˈseros]
Verbandskasten	**botiquín** *m* **de primeros auxilios**	[botiˈkin de priˈmeros awgˈsiljos]
Scheibenwischer	**limpiaparabrisas** *m*	[limpjaparaˈβrisas]
Schlauch	**tubo** *m*	[ˈtuβo]
Schloss	**cerradura** *f*	[θerraˈðura]
Schmutzmatte	**alfombrilla** *f*	[alfomˈbriʎa]
Sicherheitsgurt	**cinturón** *m* **de seguridad**	[θintuˈron de seguriˈðað]
Sicherung	**seguro** *m*	[seˈguro]
Sitz	**asiento** *m*	[aˈsjento]
Standlicht	**luz** *f* **de posición**	[luθ de posiˈθjon]
Stoßstange	**parachoques** *m*	[paraˈtʃokes]
Tachometer	**tacómetro** *m*	[taˈkometro]
Tank	**depósito** *m*	[deˈposito]
Ventil	**válvula** *f*	[ˈbalβula]
Vordersitz	**asiento** *m* **delantero**	[aˈsjento delanˈtero]
Wagenheber	**gato** *m*	[ˈgato]
Warnblinker	**intermitente** *m*	[intermiˈtente]
Warnleuchte	**luz** *f* **de avería**	[luθ de aβeˈria]
Warndreieck	**señal** *f* **de atención**	[seˈɲal de atenˈθjon]
Winterreifen	**neumáticos** *m pl* **de invierno**	[newˈmatikos de imˈbjerno]

Wann fährt der nächste Zug nach ...?	**¿A qué hora sale el próximo tren para...?**	[a ke ˈora ˈsale el ˈprogsimo tren ˈpara ...]
Auf welchem Bahnsteig fährt der Zug ab?	**¿De qué andén sale el tren?**	[de ke anˈden ˈsale el tren]
Eine einfache Fahrt erster/zweiter Klasse, bitte.	**Un billete sencillo de primera/segunda clase, por favor.**	[un biˈʎete senˈθiʎo de priˈmera/seˈgunda ˈklase por faˈβor]
Eine Hin- und Rückfahrt nach ..., bitte.	**Un billete de ida y vuelta a..., por favor.**	[un biˈʎete de ˈiða i ˈbwelta a ... por faˈβor]
Raucher oder Nichtraucher?	**¿Fumador o no fumador?**	[fumaˈðor o no fumaˈðor]
Ich hätte gerne einen Fensterplatz, bitte.	**Asiento en ventanilla, por favor.**	[aˈsjento en bentaˈniʎa por faˈβor]
Wie teuer ist die Fahrkarte?	**¿Cuánto cuesta el billete?**	[ˈkwanto ˈkwesta el biˈʎete]
Gibt es einen Speise-/Schlafwagen?	**¿Hay vagón restaurante/coche-cama?**	[aj baˈgon rrestawˈrante/kotʃeˈkama]

Gibt es Ermäßigung für Schüler/Familien?	**¿Hay descuento para estudiantes/ familias?**	[aj des'kwento 'para estu'ðjantes/ fa'miljas]
Muss ich einen Zuschlag bezahlen?	**¿Hay que pagar suplemento?**	[aj ke pa'gar suple'mento]
Hält der Zug in ...?	**¿El tren para en...?**	[el tren 'para en ...]
Mein Zug hat Verspätung.	**Mi tren tiene retraso.**	[mi tren 'tjene re'traso]
Erreiche ich noch den Anschlusszug in ...?	**¿Llegamos al enlace con el tren de...?**	[ʎe'gamos al en'laθe kon el tren de ...]
Kann ich einen Platz reservieren lassen?	**¿Se puede reservar un asiento?**	[se 'pweðe reser'bar un a'sjento]
Entschuldigen Sie, aber dieser Platz ist besetzt.	**Perdone, pero este sitio está ocupado.**	[per'ðone 'pero 'este 'sitjo es'ta oku'paðo]
Wo müssen wir umsteigen?	**¿Dónde tenemos que hacer transbordo?**	['donde te'nemos ke a'θer trans'βorðo]

Abfahrt	**salida** *f*	[sa'liða]
Abteil	**departamento** *m*	[departa'mento]
ankommen	**llegar**	[ʎe'gar]
aussteigen	**bajar**	[ba'xar]
Bahnhof	**estación** *f*	[esta'θjon]
besetzt	**ocupado**	[oku'paðo]
Schnellzug	**tren** *m* **expreso**	['tren es'preso]
einsteigen	**subir**	[su'βir]
Ermäßigung	**descuento** *m*	[des'kwento]
Fahrkarte	**billete** *m*	[bi'ʎete]
Fahrkartenschalter	**ventanilla** *f* **de venta de billetes**	[benta'niʎa de 'benta de bi'ʎetes]

Die spanische Eisenbahngesellschaft „RENFE" unterhält ein großes Streckennetz, an das die wichtigsten Groß- und Kleinstädte angeschlossen sind. Die wichtigsten Zugkategorien in Kürze:
- *AVE: der spanische ICE*
- *TALGO: entspricht dem deutschen IC*
- *RÁPIDO: Interregio*
- *EXPRESO: Nahverkehrszug*

Fahrplan	**horario** *m* **de trenes**	[o'rarjo de 'trenes]
Fahrpreis	**precio** *m* **del billete**	['preθjo del bi'ʎete]
Fensterplatz	**asiento** *m* **de ventanilla** *f*	[a'sjento de benta'niʎa]
frei	**libre**	['liβre]
Gepäck	**equipaje** *m*	[eki'paxe]

Gepäckschließfach	**consignas** *f pl* **automáticas**	[kon'signas auto'matikas]
Gepäckträger	**portaequipajes** *m*	[portaeki'paxes]
Gleis	**vía** *f*	['bia]
Großraumwagen	**vagón** *m* **sin departamentos**	[ba'gon sin departa'mentos]
Hauptbahnhof	**estación** *f* **central**	[esta'θjon θen'tral]
Kofferkuli	**carrito** *m* **portaequipajes**	[ka'rrito portaeki'paxes]
Liegewagen	**coche-cama** *m*	[kotʃe'kama]
Lokführer	**maquinista**	[maki'nista]
Lokomotive	**locomotora** *f*	[lokomo'tora]
nachlösen	**comprar después**	[kom'prar des'pwes]
Nichtraucherabteil	**zona** *f* **de no fumadores**	['θona de no fuma'ðores]
Raucherabteil	**zona** *f* **de fumadores**	['θona de fuma'ðores]
Reservierung	**reserva** *f*	[rre'serβa]
Rückfahrkarte	**billete** *m* **de vuelta**	[bi'ʎete de 'bwelta]
Schlafwagen	**coche-litera** *m*	['kotʃe li'tera]
Schnellzug	**expreso** *m*	[es'preso]
Speisewagen	**vagón** *m* **comedor**	[ba'gon kome'ðor]
Toilette	**aseos** *m pl*	[a'seos]
Wagennummer	**número** *m* **de vagón**	['numero de ba'gon]
Zug	**tren** *m*	[tren]
Zuschlag	**suplemento** *m*	[suple'mento]

Bitte für Montag einen Flug nach ...!	**Por favor, un billete de avión para el lunes a...**	[por fa'βor un bi'ʎete de a'βjon 'para el 'lunes a ...]
Einen Hin- und Rückflug nach ..., bitte.	**Un billete de ida y vuelta a..., por favor.**	[un bi'ʎete de 'iða i 'bwelta a ... por fa'βor]
Ich möchte diesen Flug bitte umbuchen/stornieren.	**Quisiera cambiar/anular este billete.**	[ki'sjera kam'bjar/anu'lar 'este bi'ʎete]
Wann muss ich am Flughafen sein?	**¿A qué hora tengo que estar en el aeropuerto?**	[a ke 'ora 'teŋgo ke es'tar en el aero'pwerto]
Wie viel Handgepäck darf ich mitnehmen?	**¿Cuánto equipaje de mano se puede llevar?**	['kwanto eki'paxe de 'mano se 'pweðe ʎe'βar]
Wann geht der Anschlussflug?	**¿Cuándo sale el vuelo de conexión?**	['kwando 'sale el 'bwelo de koneg'sjon]
Wo befindet sich der Notausstieg?	**¿Dónde está la salida de emergencia?**	['donde es'ta la sa'liða de emer'xenθja]

Gibt es eine Flugverbindung nach ...?	**¿Hay una combinación de vuelo para...?**	[aj 'una kombina'θjon de 'bwelo 'para ...]
Gibt es eine Zwischenlandung?	**¿Hay una escala?**	[aj 'una es'kala]
Gibt es einen Bus/eine U-Bahn/eine S-Bahn zum Flughafen?	**¿Hay autobús/metro/tren urbano al aeropuerto?**	[aj auto'βus/'metro/tren ur'βano al aero'pwerto]
Ist der Flug aus ... schon gelandet?	**¿Ha aterrizado ya el avión de...?**	[a aterri'θaðo ja el a'βjon de ...]
Ist der Flug nach ... schon aufgerufen worden?	**¿Han llamado ya al vuelo a...?**	[an ʎa'maðo ja al 'bwelo a ...]
Können Sie mir sagen, wo Flugsteig Nr. ... ist?	**¿Puede decirme dónde está la puerta número...?**	['pweðe de'θirme 'donde es'ta la 'pwerta 'numero ...]
Ich möchte diesen Koffer als Gepäck aufgeben.	**Quiero facturar esta maleta.**	['kjero faktu'rar 'esta ma'leta]
Möchten Sie Ihr Gepäck versichern?	**¿Quiere asegurar su equipaje?**	['kjere asegu'rar su eki'paxe]

Mein Gepäck ist beschädigt worden.	**Mi equipaje está dañado.**	[mi eki'paxe es'ta da'ɲaðo]
An wen kann ich mich wenden?	**¿A quién tengo que dirigirme?**	[a 'kjen 'teŋgo ke diri'xirme]
Ich vermisse mein Gepäck!	**¡Me falta el equipaje!**	[me 'falta el eki'paxe]
Bitte anschnallen.	**Por favor, abróchense los cinturones.**	[por fa'βor a'βrotʃense los θintu'rones]
Könnten Sie mir bitte etwas zu trinken bringen?	**¿Podría traerme algo de beber?**	[po'ðria tra'erme 'algo de be'βer]
Haben Sie etwas gegen Übelkeit?	**¿Tiene algo contra el mareo?**	['tjene 'algo 'kontra el ma'reo]
Ich fühle mich nicht gut.	**No me encuentro bien.**	[no me eŋ'kwentro 'bjen]
Die Maschine hat Verspätung.	**El avión trae retraso.**	[el a'bjon 'trae rre'traso]
Der Flug fällt aus.	**El vuelo ha sido cancelado.**	[el 'bwelo a 'siðo [kanθe'laðo]

Abflug	**salida** *f*	[sa'liða]
Ankunft	**llegada** *f*	[ʎe'gaða]
Ankunftszeit	**hora** *f* **de llegada**	['ora de ʎe'gaða]
anschnallen	**abrocharse el cinturón**	[aβro'tʃarse el θintu'ron]
an Bord	**a bordo**	[a 'borðo]
Bordkarte	**tarjeta** *f* **de embarque**	[tar'xeta de em'βarke]
buchen	**hacer una reserva**	[a'θer 'una rre'serβa]
Charterflug	**vuelo** *m* **chárter**	['bwelo 'tʃarter]
Direktflug	**vuelo** *m* **directo**	['bwelo di'rekto]
Economyclass	**clase** *f* **turista**	['klase tu'rista]
einchecken	**embarcar**	[embar'kar]
Fensterplatz	**asiento** *m* **de ventanilla** *f*	[a'sjento de [benta'niʎa]
Flug	**vuelo** *m*	['bwelo]
Flugbegleiter(in)	**auxiliar** *m/f* **de vuelo**	[augsi'liar de 'bwelo]
Fluggast	**pasajero** *m*	[pasa'xero]
Fluggesellschaft	**compañía** *f* **aérea**	[kompa'ɲia a'erea]
Flughafen	**aeropuerto** *m*	[aero'pwerto]
Flughafengebühr	**tasas** *f pl* **de aeropuerto**	['tasas de aero'pwerto]
Flugticket	**billete** *m*	[bi'ʎete]
Flugzeug	**avión** *m*	[a'βjon]
Gang	**marcha** *f*	['martʃa]
Gepäck	**equipaje** *m*	[eki'paxe]

Gepäckausgabe	**recogida** *f* **de equipajes**	[rreko'xiða de eki'paxes]
Handgepäck	**equipaje** *m* **de mano**	[eki'paxe de 'mano]
Inlandsflug	**vuelo** *m* **nacional**	['bwelo naθjo'nal]
Koffer	**maleta** *f*	[ma'leta]
Kofferkuli	**carro** *m*	['karro]
landen	**aterrizar**	[aterri'θar]
Landung	**aterrizaje** *m*	[aterri'θaxe]
Linienflug	**vuelo** *m* **regular**	['bwelo regu'lar]
Luftsicherheit	**seguridad** *f* **aérea**	[seguri'ðað a'erea]
Nichtraucher	**no fumador**	[no fuma'ðor]
Notausgang	**salida** *f* **de emergencia**	[sa'liða de emer'xenθja]
Notlandung	**aterrizaje** *m* **forzoso**	[aterri'θaxe for'θoso]
Passagier(in)	**pasajero/-a** *m/f*	[pasa'xero/-a]
Pilot(in)	**piloto** *m/f*	[pi'loto]
Raucher	**fumador** *m*	[fuma'ðor]
Schwimmweste	**salvavidas** *m*	[salβa'βiðas]
Sicherheitskontrolle	**control** *m* **de seguridad**	[kon'trol de seguri'ðað]
Stewardess	**azafata** *f*	[aθa'fata]
stornieren	**anular**	[anu'lar]
umbuchen	**cambiar**	[kam'bjar]
Verspätung	**retraso** *m*	[rre'traso]
zollfreier Verkauf	**venta** *f* **libre de impuestos**	['benta 'liβre de im'pwestos]
Zwischenlandung	**parada** *f* **intermedia**	[pa'raða inter'meðja]

Wo bitte ist die nächste Bus-/Tram-/ S-Bahn-/U-Bahn-Haltestelle?	**Por favor, ¿dónde está la próxima parada de autobús/ tranvía/tren urbano/ metro?**	[por fa'βor 'donde es'ta la 'progsima pa'raða de auto'βus/ tran'bia/ tren ur'βano/'metro]
Wo kann ich bitte den Fahrschein kaufen?	**Por favor, ¿dónde se compran los billetes?**	[por fa'βor 'donde se 'kompran los bi'ʎetes]
Bitte einen Fahrschein nach ...	**Por favor, un billete para...**	[por fa'βor un bi'ʎete para ...]
Welcher Bus/welche Straßenbahn fährt nach ...?	**¿Qué autobús/ tranvía va a...?**	[ke auto'βus/ tran'bia ba a ...]
Ist dies der richtige Bus nach ...?	**¿Es éste el autobús que va a...?**	[es 'este el auto'βus ke ba a ...]
Wann/wo fährt bitte der Bus ab?	**Por favor, ¿cuándo/ de dónde sale el autobús?**	[por fa'βor 'kwando/de 'donde 'sale el auto'βus]
Habe ich die Haltestelle ... verpasst?	**¿Ha pasado la parada...?**	[a pa'saðo la pa'raða ...]

Abfahrt	**salida** *f*	[sa'liða]
anhalten	**parar**	[pa'rar]
Ankunft	**llegada** *f*	[ʎe'gaða]
Ausgang	**salida** *f*	[sa'liða]
aussteigen	**bajar**	[ba'xar]
Bahnsteig	**andén** *m*	[an'den]
behindertengerecht	**para disminuidos físicos**	['para disminu-'iðos 'fisikos]
Bus	**autobús** *m*	[auto'βus]
Busbahnhof	**estación** *f* **de autobuses**	[esta'θjon de auto'βuses]
Busfahrer/in	**conductor/-a** *m/f* **de autobús**	[konduk'tor/-a de auto'βus]
Bushaltestelle	**parada** *f* **de autobús**	[pa'raða de auto'βus]
Buslinie	**línea** *f* **de autobús**	['linea de auto'βus]
Eingang	**entrada** *f*	[en'traða]
einsteigen	**subir**	[su'βir]
Endstation	**última estación** *f*	['ultima esta'θjon]
Fahrgast	**pasajero** *m*	[pasa'xero]
Fahrkarte	**billete** *m*	[bi'ʎete]
Fahrkartenautomat	**máquina** *f* **de billetes**	['makina de bi'ʎetes]
Fahrkartenkontrolleur	**revisor** *m*	[rreβi'sor]
Fahrplan	**horario** *m*	[o'rarjo]
Fahrpreis	**precio** *m*	['preθjo]
Fahrschein	**billete** *m*	[bi'ʎete]
Fahrscheinentwerter	**máquina** *f* **canceladora de billetes**	['makina kanθela-'ðora de bi'ʎetes]

Familienkarte	**billete** *m* **familiar**	[bi'ʎete fami'ljar]
Gruppenrabatt	**descuento** *m* **de grupo**	[des'kwento de 'grupo]
halten	**parar**	[pa'rar]
Haltestelle	**parada** *f*	[pa'raða]
Knopf drücken	**apretar el botón**	[apre'tar el bo'ton]
Nachtbus	**autobús** *m* **nocturno**	[auto'βus nok'turno]
Netzkarte	**plano** *m* **de la red**	['plano de la rreð]
Pauschalpreis	**precio** *m* **fijo**	['preθjo 'fixo]
Richtung	**dirección** *f*	[direg'θjon]
S-Bahn	**tren** *m* **de cercanías**	[tren de θerka'nias]
Straßenbahn	**tranvía** *m*	[tran'bia]
Tageskarte	**bono** *m* **diario**	['bono 'djarjo]
Tarifzone	**zona** *f* **de tarifa**	['θona de ta'rifa]
Taxi	**taxi** *m*	['tagsi]
Taxistand	**parada** *f* **de taxis**	[pa'raða de 'tagsis]
Trinkgeld	**propina** *f*	[pro'pina]
U-Bahn	**metro** *m*	['metro]
Überlandbus	**autobús** *m* **inter-urbano**	[auto'βus interur'βano]
umsteigen	**hacer transbordo**	[a'θer trans'βorðo]
Wochenkarte	**bono** *m* **semanal**	['bono sema'nal]
Zeitkarte	**abono** *m* **de trans-portes**	[a'βono de trans'portes]

Übernachten & Wohnen

Können Sie mir ein Hotel empfehlen?	**¿Podría recomendarme un hotel?**	[po'ðria rekomen'darme un o'tel]
Es soll zentral gelegen/in Strandnähe sein.	**Debería estar en el centro/cerca de la playa.**	[deβe'ria es'tar en el 'θentro/'θerka de la 'plaja]
Hat das Hotel einen eigenen Pool/Zugang zum Strand?	**¿El hotel tiene piscina propia/ acceso a la playa?**	[el o'tel tjene pis'θina 'propja/ ag'θeso a la 'plaja]
Wo ist das Hotel ...?	**¿Dónde está el hotel...?**	['donde es'ta el o'tel ...]
Haben Sie hier noch ein Zimmer frei?	**¿Quedan habitaciones libres?**	['keðan aβita'θjones 'liβres]
Für eine Nacht/ 2 Tage/eine Woche.	**Para una noche/ dos días/una semana.**	['para 'una 'notʃe/ dos 'dias/'una se'mana]
Wie viel kostet das Zimmer pro Tag/ pro Woche mit Frühstück/ Halbpension/Vollpension?	**¿Cuánto cuesta la habitación al día/ a la semana con desayuno/media pensión/pensión completa?**	['kwanto kwesta la aβita'θjon al dia/a la se'mana kon desa'juno/'meðja pen'sjon/pen'sjon kom'pleta]

Ich hätte gerne ein Einzelzimmer/ Doppelzimmer (mit Bad).	**Quería una habitación individual/ doble (con baño).**	[keˈria ˈuna aβitaˈθjon indiβiˈðwal/ˈdoβle (konˈbaɲo)]
Ich habe bei Ihnen ein Zimmer auf den Namen ... reservieren lassen.	**He reservado en su hotel una habitación a nombre de...**	[e rreserˈβaðo en su ˈotel ˈuna aβitaˈθjon a ˈnombre de ...]
Bitte den Schlüssel für Zimmer Nr. ...	**Por favor, la llave de la habitación número...**	[por faˈβor la ˈʎabe de la aβitaˈθjon ˈnumero ...]
Wo kann ich hier telefonieren?	**¿Dónde se puede llamar por teléfono?**	[ˈdonde se pweðe ʎaˈmar por teˈlefono]
Bitte wecken Sie mich morgen früh um ... Uhr.	**Por favor, despiérteme mañana por la mañana a las...**	[por faˈβor desˈpjerteme maˈɲana por la maˈɲana a las...]
Wann sind denn die Essenszeiten?	**¿Qué horario de comidas tienen?**	[ke oˈrarjo de koˈmiðas ˈtjenen]
Wo kann man frühstücken?	**¿Dónde se desayuna?**	[ˈdonde se desaˈjuna]

Bringen Sie mir das Frühstück bitte auf mein Zimmer.	**Por favor, llévenme el desayuno a la habitación.**	[por fa'βor 'ʎeβenme el desa'juno a la aβita'θjon]
Würden Sie mir bitte ... bringen?	**Por favor, ¿podría traerme...?**	[por fa'βor po'ðria tra'erme ...]
Ich bin zufrieden.	**Estoy satisfecho.**	[es'toj satis'fetʃo]
Das Zimmer gefällt mir/uns.	**La habitación me/ nos gusta.**	[la aβita'θjon me/ nos 'gusta]
Das Essen ist hervorragend.	**La comida es estupenda.**	[la ko'miða es estu'penda]
Ich habe sehr gut geschlafen.	**He dormido muy bien.**	[e dor'miðo mwi 'bjen]
Das Personal war sehr zuvorkommend.	**El personal ha sido muy atento.**	[el perso'nal a 'siðo mwi a'tento]
Ich habe eine Reklamation.	**Quiero hacer una reclamación.**	['kjero a'θer 'una rreklama'θjon]
Ich bin mit dem Service unzufrieden.	**Estoy descontento con el servicio.**	[es'toj des-kon'tento kon el ser'biθjo]

Ich habe kein (warmes) Wasser.	**No tengo agua (caliente).**	[no 'teŋgo 'agwa (ka'ljente)]
Das Zimmer wurde nicht gereinigt.	**No han limpiado la habitación.**	[no an lim'pjaðo la aβita'θjon]
Die Dusche/Das Licht/ Die Heizung funktioniert nicht.	**La ducha/La luz/ La calefacción no funciona.**	[la 'dutʃa/la luθ/ la calefag'θjon no fun'θjona]
Die Matratze ist sehr unbequem.	**El colchón es muy incómodo.**	[el kol'tʃon es mwi iŋ'komoðo]
Das Waschbecken/ Die Toilette ist verstopft.	**El lavabo/El váter está atascado.**	[el la'βaβo/ el 'bater es'ta atas'kaðo]
Das Essen ist ungenießbar.	**La comida es incomible.**	[la ko'miða es iŋko'miβle]
Machen Sie bitte die Rechnung fertig.	**Hágame la factura, por favor.**	['agame la fak'tura, por fa'βor]
Vielen Dank für alles/ Ihre Mühe.	**Muchas gracias por todo/su atención.**	['mutʃas 'graθjas por 'toðo/su aten'θjon]
Das ist für Sie.	**Esto es para usted.**	['esto es 'para us'teð]

Abendessen	**cena** *f*	[ˈθena]
Abreise	**salida** *f*	[saˈliða]
Ankunft	**llegada** *f*	[ʎeˈgaða]
Anmeldung	**registro** *m*	[rreˈxistro]
Anzahlung	**entrada** *f*	[enˈtraða]
Aschenbecher	**cenicero** *m*	[θeniˈθero]
Ausgang	**salida** *f*	[saˈliða]
Badezimmer	**cuarto** *m* **de baño**	[ˈkwarto de ˈbaɲo]
Balkon	**balcón** *m*	[balˈkon]
Beanstandung	**queja** *f*	[ˈkexa]
Bett	**cama** *f*	[ˈkama]
Bettdecke	**manta** *f*	[ˈmanta]
Bettwäsche	**sábanas** *f pl*	[ˈsaβanas]
Dusche	**ducha** *f*	[ˈdutʃa]
Eingang	**entrada** *f*	[enˈtraða]
einziehen	**instalarse**	[instaˈlarse]
Empfang	**recepción** *f*	[rreθeβˈθjon]
Empfangschef	**jefe** *m* **de recepción**	[ˈxefe de rreθeβˈθjon]
Erkundigung	**información** *f*	[informaˈθjon]
Etage	**planta** *f*	[ˈplanta]
Fahrstuhl	**ascensor** *m*	[asθenˈsor]
Fenster	**ventana** *f*	[benˈtana]
Fitnessraum	**gimnasio** *m*	[ximˈnasjo]
Frühstück	**desayuno** *m*	[desaˈjuno]
Frühstücksraum	**salón** *m* **de desayunos**	[saˈlon de desaˈjunos]
Glühbirne	**bombilla** *f*	[bomˈbiʎa]
Halbpension	**media** *f* **pensión**	[ˈmeðja penˈsjon]
Handtuch	**toalla** *f*	[toˈaʎa]

Heizung	**calefacción** *f*	[kalefag'θjon]
Hotel	**hotel** *m*	[o'tel]
Hotelhalle	**recibidor** *m*	[rreðiβi'ðor]
Kategorie	**categoría** *f*	[katego'ria]
Keller	**sótano** *m*	['sotano]

Unterkünfte in Städten sind in folgende Kategorien unterteilt: „Hoteles": 4–5 Sterne, „Hostales": 1–3 Sterne, „Pensiones": Pensionen, „Albergues de Juventud": Jugendherbergen. In kleinen Städten und auf dem Land sind die „Paradores" zu empfehlen. Es handelt sich um umgebaute Landhäuser, Schlösser oder Klöster mit einem besonderen Flair. In Jugendherbergen benötigt man einen internationalen Jugendherbergsausweis, den Sie in Deutschland oder vor Ort erhalten.

Kleiderbügel	**percha** *f*	['pertʃa]
Klimaanlage	**aire** *m* **acondicionado**	['aire akondiθjo'naðo]
Klingel	**timbre** *m*	['timβre]
Lampe	**lámpara** *f*	['lampara]
Lichtschalter	**interruptor** *m*	[interrup'tor]
Liegestuhl	**tumbona** *f*	[tum'bona]
Mittagessen	**comida** *f*	[ko'miða]
Nachtisch	**postre** *m*	['postre]
Preis	**precio** *m*	['preθjo]
Privatstrand	**playa** *f* **privada**	['plaja pri'βaða]
Rechnung	**factura** *f*	[fak'tura]
Reiseleiter	**guía** *m*	['gia]
Rezeption	**recepción** *f*	[rreθeβ'θjon]

Saison	**temporada** *f*	[tempo'raða]
Sauna	**sauna** *f*	['sawna]
Schlüssel	**llave** *f*	['ʎaβe]
Schrank	**armario** *m*	[ar'marjo]
Sessel	**sillón** *m*	[si'ʎon]
Sicherung	**fusible** *m*	[fu'sible]
Solarium	**solario** *m*	[so'larjo]
Speisesaal	**comedor** *m*	[kome'ðor]
Spiegel	**espejo** *m*	[es'pexo]
Steckdose	**enchufe** *m*	[en'tʃufe]
Stuhl	**silla** *f*	['siʎa]
Swimmingpool	**piscina** *f*	[pis'θina]
Telefon	**teléfono** *m*	[te'lefono]
Teppich	**alfombra** *f*	[al'fombra]
Terrasse	**terraza** *f*	[te'rraθa]
Tisch	**mesa** *f*	['mesa]
Toilette	**servicio** *m*	[ser'βiθjo]
Treppe	**escalera** *f*	[eska'lera]
Tür	**puerta** *f*	['pwerta]
Türschloss	**cerradura** *f*	[θerra'ðura]
Übernachtung	**pernoctación** *f*	[pernokta'θion]
Unterkunft	**alojamiento** *m*	[aloxa'mjento]
Ventilator	**ventilador** *m*	[bentila'ðor]
Vollpension	**pensión** *f* **completa**	[pen'sjon kom'pleta]
Wand	**pared** *f*	[pa'reð]
Waschbecken	**lavabo** *m*	[la'βaβo]
Zimmer	**habitación** *f*	[aβita'θjon]
Zimmermädchen	**señora** *f* **del servicio**	[se'ɲora del ser'biθjo]

Das Abendessen ist von ... bis ...	**La cena es de... a...**	[la 'θena es de ... a ...]
Bitte legen Sie benutzte Badetücher auf den Boden.	**Por favor, deje las toallas usadas en el suelo.**	[por fa'βor 'dexe las to'aʎas u'saðas en el 'swelo]
Die Sauna ist bis 22 Uhr geöffnet.	**La sauna está abierta hasta las diez de la noche.**	[la 'sawna es'ta aβjerta 'asta las 'djeθ de la 'notʃe]
Unseren Weckruf können Sie an der Rezeption bestellen.	**Si quiere que le despierten, pídalo en recepción.**	[si 'kjere ke le des'pjerten, 'piðalo en rreθeβ'θjon]
Den Zimmerschlüssel geben Sie beim Verlassen des Hotels bitte an der Rezeption ab.	**Deje las llaves en la recepción si va a salir del hotel.**	['dexe las 'ʎaβes en la rreθeβ'θjon si ba a sa'lir del o'tel]
Der Notausgang befindet sich an jedem Ende des Flures.	**La salida de emergencia está al final de cada pasillo.**	[la sa'liða de emer'xenθja es'ta al fi'nal de 'kaða pa'siʎo]
Der Aufzug ist leider defekt.	**Desgraciadamente, el ascensor no funciona.**	[desgraθjada'mente el asθen'sor no fun'θjona]

Gibt es in der Nähe einen Campingplatz?	**¿Hay un camping por aquí cerca?**	[aj un ˈkamping ˈpor aˈki ˈθerka]
Vermieten Sie auch Wohnwagen?	**¿Alquilan también caravanas?**	[alˈkilan tamˈbjen karaˈβanas]
Haben Sie noch Platz für ein Zelt/einen Wohnwagen?	**¿Tienen sitio para una tienda/ caravana?**	[ˈtjenen ˈsitjo ˈpara ˈuna ˈtjenda/ karaˈβana]
Können wir hier zelten?	**¿Podemos acampar aquí?**	[poˈðemos akamˈpar aˈki]
Können wir einen Platz im Schatten erhalten?	**¿Puede darnos un sitio a la sombra?**	[ˈpweðe ˈdarnos un ˈsitjo a la ˈsombra]
Wie hoch ist die Gebühr für ein Auto/ einen Wohnwagen/ein Zelt?	**¿Cuál es la tarifa para un coche/ una caravana/una tienda?**	[ˈkwal es la taˈrifa ˈpara un ˈkotʃe/ ˈuna karaˈβana/ ˈuna ˈtjenda]
Wie hoch ist die Gebühr pro Übernachtung und Kopf?	**¿Cuál es la tarifa por noche y por persona?**	[ˈkwal es la taˈrifa por ˈnotʃe i por perˈsona]
Welche Öffnungszeiten hat die Campingplatz-Verwaltung?	**¿Qué horario tiene la oficina del camping?**	[ke oˈrarjo ˈtjene la ofiˈθina del ˈkamping]

Ich bleibe ... Tage/ Wochen.	**Me quedo... días/ semanas.**	[me ˈkeðo ... ˈdias/ seˈmanas]
Kann ich hier Gasflaschen ausleihen?	**¿Alquilan bombonas de gas?**	[alˈkilan bomˈbonas de gas]
Können Sie mir einen Hammer leihen?	**¿Podría prestarme un martillo?**	[poˈðria presˈtarme un marˈtiʎo]
Kann man hier ...?	**¿Se puede...?**	[se ˈpweðe ...]
Gibt es hier einen Stromanschluss?	**¿Hay toma de corriente?**	[aj ˈtoma de koˈrrjente]
Haben Sie hier 220 oder 110 Volt?	**¿La corriente va a doscientos veinte o a ciento diez?**	[la koˈrrjente ba a dosˈθjentos ˈbeinte o a ˈθjento ˈdjeθ]
Haben Sie bitte Butangas?	**Por favor, ¿tienen butano?**	[por faˈβor ˈtjenen buˈtano]
Gibt es in der Nähe einen Supermarkt?	**¿Hay un supermercado por aquí cerca?**	[aj un superˈmerˈkaðo por aˈki ˈθerka]
Gibt es hier einen Kinderspielplatz?	**¿Hay aquí un parque infantil?**	[aj aˈki un ˈparke infanˈtil]

Wird der Platz nachts bewacht?	**¿Está vigilado por la noche?**	[es'ta bixi'laðo por la 'notʃe]
Wo sind die Mülltonnen/Toiletten/Waschräume?	**¿Dónde están los contenedores de basura/los servicios/los lavabos?**	['donde es'tan los kontene'ðores de ba'sura/los ser'βiθjos/los la'βaβos]
Wo kann ich hier das Chemieklo entsorgen?	**¿Dónde puedo descargar el váter de la caravana?**	['donde 'pweðo deskar'gar el 'bater de la kara'βana]
Wo kann ich Zeltzubehör kaufen/ausleihen?	**¿Dónde venden/alquilan accesorios de camping?**	['donde 'benden/al'kilan agθe'sorjos de 'kamping]
Wo kann man hier ...?	**¿Dónde se puede...?**	['donde se 'pweðe ...]
Wo sind die Duschen?	**¿Dónde están las duchas?**	['donde es'tan las 'dutʃas]
Wo sind die Toiletten?	**¿Dónde están los servicios?**	['donde es'tan los ser'βiθjos]
Wo gibt es ...?	**¿Dónde está...?**	['donde es'ta...]

Camping	**camping** *m*	['kamping]
Campingausweis	**carné** *m* **de camping**	[kar'ne de 'kamping]
Campingplatz	**camping** *m*	['kamping]
Campingstuhl	**silla** *f* **de camping**	['siʎa de 'kamping]
Campingtisch	**mesa** *f* **de camping**	['mesa de 'kamping]
Dusche	**duchas** *f pl*	['dutʃas]
Fahrräder	**bicicletas** *f pl*	[biθi'kletas]
Gasflasche	**bombona** *f*	[bom'bona]
Geschirr	**vajilla** *f*	[ba'xiʎa]
Grill	**parrilla** *f*	[pa'rriʎa]
Kochgeschirr	**batería** *f* **de cocina**	[bate'ria de ko'θina]
Kühlschrank	**frigorífico** *m*	[frigo'rifiko]
Leihgebühr	**precio** *m* **de alquiler**	['preθjo de alki'ler]
Schlafsack	**saco** *m* **de dormir**	['sako de dor'mir]
Spirituskocher	**infiernillo** *m*	[infjer'niʎo]
Spülbecken	**fregadero** *m*	[frega'ðero]
Steckdose	**enchufe** *m*	[en'tʃufe]
Stellplatz	**aparcamiento** *m*	[aparka'mjento]
Stromanschluss	**toma** *f* **de corriente**	['toma de ko'rrjente]
Toiletten	**aseos** *m pl*	[a'seos]
Trinkwasser	**agua** *m* **potable**	['agwa po'taβle]
Wohnmobil	**caravana** *f*	[kara'βana]
Zelt	**tienda** *f* **de campaña**	['tjenda de kam'paɲa]
zelten	**acampar**	[akam'par]

Gibt es hier eine Jugendherberge?	**¿Hay un albergue juvenil aquí?**	[aj un al'βerge xuβe'nil a'ki]
Haben Sie noch etwas frei?	**¿Les queda algo libre?**	[les 'keða 'algo 'liβre]
Gibt es Familienzimmer?	**¿Hay habitaciones familiares?**	[aj aβita'θjones fami'ljares]
Wie viel kostet die Übernachtung?	**¿Cuánto cuesta la noche?**	['kwanto 'kwesta la 'notʃe]
Kann ich Bettwäsche ausleihen?	**¿Alquilan ropa de cama?**	[al'kilan 'rropa de 'kama]
Bis wie viel Uhr abends ist Einlass?	**¿Hasta qué hora se puede entrar?**	['asta ke 'ora se 'pweðe en'trar]
Erhalten wir mehrere Zimmerschlüssel?	**¿Nos dan más de una llave?**	[nos dan mas de 'una 'ʎaβe]
Wann sind denn die Essenszeiten?	**¿Qué horario de comidas hay?**	[ke o'rarjo de ko'miðas aj]
Wann gibt es Frühstück?	**¿Cuándo es el desayuno?**	['kwando es el desa'juno]
Gibt es Doppelzimmer?	**¿Hay habitaciones dobles?**	[aj aβita'θjones 'doβles]

Abmeldung	**baja** *f*	[ˈbaxa]
Adapter	**adaptador** *m*	[aðaptaˈðor]
Anmeldung	**inscripción** *f*	[inskripˈθjon]
Bad	**baño** *m*	[ˈbaɲo]
Bettlaken	**sábana** *f* **bajera**	[ˈsaβana baˈxera]
Betttuch	**sábana encimera**	[ˈsaβana enθiˈmera]
Bettwäsche	**sábanas** *f pl*	[ˈsaβanas]
bügeln	**planchar**	[planˈtʃar]
Dosen	**latas** *f pl*	[ˈlatas]
Dusche	**ducha** *f*	[ˈdutʃa]
Einzelzimmer	**habitación** *f* **individual**	[aβitaˈθjon indiβiˈðwal]
Erdgeschoss	**planta** *f* **baja**	[ˈplanta ˈbaxa]
Essgeschirr	**vajilla** *f*	[baˈxiʎa]
Fahrrad	**bicicleta** *f*	[biθiˈkleta]
Fernsehraum	**salón** *m* **de televisión**	[saˈlon de teleβiˈsjon]
Gemeinschaftsraum	**sala** *f* **común**	[ˈsala koˈmun]
Handtuch	**toalla** *f*	[toˈaʎa]
Herbergseltern	**conserjes** *m pl* **del albergue**	[konˈserxes del alˈβerge]
Jugendgruppe	**grupo** *m* **juvenil**	[ˈgrupo xuβeˈnil]
Jugendherberge	**albergue** *m* **juvenil**	[alˈβerge xuβeˈnil]
Jugendherbergsausweis	**carné** *m* **de alberguista**	[karˈne de alβerˈgista]
Kochmöglichkeit	**cocinilla** *f*	[koθiˈniʎa]
leihen	**alquilar**	[alkiˈlar]
Mitgliedskarte	**tarjeta** *f* **de socio**	[tarˈxeta de ˈsoθjo]

Notausgang	**salida** *f* **de emergencia**	[sa'liða de emer'xenθja]
parken	**aparcar**	[apar'kar]
Pfand	**casco** *m*	['kasko]
Post	**correo** *m*	[ko'rreo]
Rechnung	**factura** *f*	[fak'tura]
Reinigung	**limpieza** *f*	[lim'pjeθa]
Safe	**caja** *f* **fuerte**	['kaxa 'fwerte]
Schlafsaal	**dormitorio** *m*	[dormi'torjo]
Schlafsack	**saco** *m* **de dormir**	['sako de dor'mir]
Speisesaal	**comedor** *m*	[kome'ðor]
Strom	**electricidad** *f*	[elektriθi'ðað]
Tresor	**caja** *f* **fuerte**	['kaxa 'fwerte]

Vorsicht!
Im Allgemeinen beträgt die Spannung in Spanien 220 Volt, manchmal findet man aber auch 110 Volt vor. In diesem Fall funktionieren Ihre Elektrogeräte nur, wenn sie sich auf 110 Volt herunterstufen lassen.

Voranmeldung	**reserva** *f* **anticipada**	[rre'serβa antiθi'paða]
Waschmaschine	**lavadora** *f*	[laβa'ðora]
Waschraum	**lavabos** *m pl*	[la'βabos]
Wertsachen	**cosas** *f pl* **de valor**	['kosas de ba'lor]
Zimmerschlüssel	**llave** *f* **de la habitación**	['ʎaβe de la aβita'θjon]

Haben Sie noch eine Wohnung frei?	**¿Les queda algún apartamento libre?**	[les 'keða al'gun aparta'mento 'lißre]
Haben Sie eine Wohnung mit Balkon?	**¿Tienen apartamentos con balcón?**	['tjenen aparta'mentos kon bal'kon]
Gibt es eine Wohnung mit einem Kinderzimmer?	**¿Tienen algún apartamento con habitación para niños?**	['tjenen al'gun aparta'mento kon aßita'θjon 'para 'niɲos]
Wie groß ist die Wohnung?	**¿Cómo de grande es el apartamento?**	['komo de 'grande es el aparta'mento]
Was kostet die Wohnung in der Hauptsaison/Nebensaison?	**¿Cuánto cuesta el apartamento en temporada alta/baja?**	['kwanto 'kwesta el aparta'mento en tempo'raða 'alta/'baxa]
Wir hätten gern zwei Wohnungen nebeneinander.	**Queríamos dos apartamentos uno al lado del otro.**	[ke'riamos dos aparta'mentos 'uno al 'laðo del 'otro]
Ich habe eine Wohnung reserviert.	**He reservado un apartamento.**	[e rreser'ßaðo un aparta'mento]

In welcher Etage ist unsere Wohnung?	**¿En qué planta está nuestro apartamento?**	[en ke ˈplanta esˈta ˈnwestro apartaˈmento]
Wie viele Zimmer hat die Wohnung?	**¿Cuántas habitaciones tiene el apartamento?**	[ˈkwantas aβitaˈθjones ˈtjene el apartaˈmento]
Haben Sie eine größere/kleinere Wohnung für uns?	**¿Tiene usted un apartamento más grande/pequeño para nosotros?**	[ˈtjene usˈteð un apartaˈmento mas ˈgrande/peˈkeɲo ˈpara noˈsotros]
Können Sie uns noch andere Wohnungen zeigen?	**¿Podría enseñarnos otros apartamentos?**	[poˈðria enseˈɲarnos ˈotros apartaˈmentos]
Wir nehmen die Wohnung.	**Nos quedamos con el apartamento.**	[nos keˈðamos kon el apartaˈmento]
Wo bekommen wir den Schlüssel?	**¿Dónde nos dan las llaves?**	[ˈdonde nos dan las ˈʎaβes]
Sind Haustiere erlaubt?	**¿Se pueden traer animales?**	[se ˈpweðen traˈer aniˈmales]
Kann man Bettwäsche ausleihen?	**¿Se puede alquilar ropa de cama?**	[se ˈpweðe alkiˈlar ˈrropa de ˈkama]

Gibt es ein zusätzliches Kinderbett?	**¿Hay una cuna adicional?**	[aj 'una 'kuna aðiθjo'nal]
Gibt es eine Klimaanlage?	**¿Hay aire acondicionado?**	[aj 'aire akondiθjo'naðo]
Ist ein Fernseher in der Wohnung?	**¿Hay televisión en el apartamento?**	[aj teleβi'sjon en el aparta'mento]
Ist die Küche komplett?	**¿Hay cocina completa?**	[aj ko'θina kom'pleta]
Gibt es Gartenmöbel?	**¿Hay mobiliario para el jardín?**	[aj moβi'ljarjo 'para el xar'ðin]
Haben Sie Sonnenschirme?	**¿Tienen sombrillas?**	['tjenen som'briʎas]
Ist ein Spielplatz in der Nähe?	**¿Hay un parque infantil cerca?**	[aj un 'parke infan'til 'θerka]
Wie weit ist es bis zur nächsten Stadt?	**¿Cuántos kilómetros hay hasta la próxima ciudad?**	['kwantos ki'lometros aj 'asta la 'progsima θju'ðað]
Ist die Endreinigung im Preis inbegriffen?	**¿Está la última limpieza incluida?**	[es'ta la 'ultima lim'pjeθa iŋklw'iða]

Kann ich hier Fahrräder/Liegen leihen?	**¿Alquilan bicicletas/ tumbonas?**	[al'kilan biθi'kletas/ tum'bonas]
Ist der Stromverbrauch im Mietpreis enthalten?	**¿El consumo de electricidad está incluido en el precio?**	[el kon'sumo de elektriθi'ðað es'ta iŋ'klwiðo en el 'preθio]
Wo ist der Sicherungskasten?	**¿Dónde está la caja de fusibles?**	['donde es'ta la 'kaxa de fu'siβles]
Die Heizung funktioniert nicht richtig.	**La calefacción no funciona bien.**	[la kalefag'θjon no fun'θjona 'bjen]
Unsere Nachbarn rechts/links/oben/ unten sind zu laut in der Nacht.	**Nuestros vecinos de la derecha/ izquierda/arriba/ abajo hacen demasiado ruido por la noche.**	['nwestros be'θinos de la de'retʃa/iθ'kjerða/ a'rriba/a'baxo 'aθen dema'sjaðo 'rrwiðo por la 'notʃe]
Die Klimaanlage ist kaputt.	**El aire acondicionado no funciona.**	[el 'aire akondiθjo'naðo no fun'θjona]
Gibt es Fliegengitter?	**¿Hay alambreras?**	[aj alam'breras]

Abfluss	**desagüe** *m*	[de'sagwe]
Abreisetag	**día** *m* **de salida**	['dia de sa'liða]
Adapter	**adaptador** *m*	[aðapta'ðor]
Anreisetag	**día** *m* **de llegada**	['dia de ʎe'gaða]
Ansehen	**mirar**	[mi'rar]
Apartment	**apartamento** *m*	[aparta'mento]
Aufzug	**ascensor** *m*	[asθen'sor]
Badewanne	**bañera** *f*	[ba'ɲera]
Balkon	**balcón** *m*	[bal'kon]
Besteck	**cubiertos** *m pl*	[ku'βjertos]
Decke	**manta** *f*	['manta]
Doppelbett	**cama** *f* **doble**	['kama 'doβle]
Dusche	**ducha** *f*	['dutʃa]
Eisschrank	**congelador** *m*	[koŋxela'ðor]
Ferienhaus	**casa** *f* **de verano**	['kasa de be'rano]
Ferienwohnung	**apartamento** *m*	[aparta'mento]
Gartenstuhl	**silla** *f* **para el jardín**	['siʎa 'para el xar'ðin]
Geschirr	**vajilla** *f*	[ba'xiʎa]
Glühbirne	**bombilla** *f*	[bom'biʎa]
Grill	**parrilla** *f*	[pa'rriʎa]
Handtuch	**toalla** *f*	[to'aʎa]
Haustier	**animal** *m* **doméstico**	[ani'mal do'mestiko]
Haustürschlüssel	**llaves** *f pl* **de la puerta**	['ʎaβes de la 'pwerta]
Herd	**cocina** *f*	[ko'θina]
kaputt	**averiado**	[aβe'rjaðo]
Keller	**sótano** *m*	['sotano]

Kochnische	**cocina** *f* **integrada**	[ko'θina inte'graða]
Küche	**cocina** *f*	[ko'θina]
Kühlschrank	**frigorífico** *m*	[frigo'rifiko]
Licht	**luz** *f*	[luθ]
Mülleimer	**cubo** *m* **de la basura**	['kuβo de la ba'sura]
Nachbar	**vecino** *m*	[be'θino]
Parkplatz	**aparcamiento** *m*	[aparka'mjento]
Quadratmeter	**metro** *m* **cuadrado**	['metro kwa'ðraðo]
Reklamation	**reclamación** *f*	[rreklama'θjon]
Ruhe	**silencio** *m*	[si'lenθjo]
Schlafcouch	**sofá-cama** *m*	[so'fa 'kama]
Schlafzimmer	**dormitorio** *m*	[dormi'torjo]
Sonnenschirm	**sombrilla** *f*	[som'briʎa]
Spülmaschine	**lavavajillas** *m*	[laβaβa'xiʎas]
Staubsauger	**aspiradora** *f*	[aspira'ðora]
Steckdose	**enchufe** *m*	[en'tʃufe]
Stecker	**enchufe** *m*	[en'tʃufe]
Stellplatz	**aparcamiento** *m*	[aparka'mjento]
Stromanschluss	**toma** *f* **de corriente**	['toma de ko'rrjente]
Teller	**plato** *m*	['plato]
Teppich	**alfombra** *f*	[al'fombra]
Terrasse	**terraza** *f*	[te'rraθa]
Waschmaschine	**lavadora** *f*	[laβa'ðora]
Wasseranschluss	**toma** *f* **de agua**	['toma de 'agwa]
Wiege	**cuna** *f*	['kuna]

Essen & Trinken

Ich möchte einen Tisch reservieren.	**Quería reservar una mesa.**	[ke'ria rreser'βar 'una 'mesa]
Bitte reservieren Sie uns einen Nichtraucher-Platz.	**Por favor, resérvenos una mesa en la zona de no fumadores.**	[por fa'βor rre'serβenos 'una 'mesa en la 'θona de no fuma'ðores]
Heute Abend gegen 20 Uhr.	**Esta tarde sobre las ocho.**	['esta 'tarðe 'soβre las 'otʃo]
Bis wann kann man bei Ihnen warm essen?	**¿Hasta qué hora sirven comida caliente?**	['asta ke 'ora 'sirβen ko'miða ka'ljente]

i

Es gibt in Spanien die verschiedensten Lokalitäten, die unterschiedliche Speisen und Getränke anbieten. Im „chiringuito", einem kleinen Lokal meist in Strandnähe, bekommen Sie Fischgerichte. In einer „taberna" trinkt man hauptsächlich Wein und „restaurantes" bieten Ihnen alle Arten von Gerichten.

Haben Sie einen Parkplatz hinter dem Haus?	**¿Tienen un aparcamiento detrás de la casa?**	['tjenen un aparka'mjento de'tras de la 'kasa]
Können Sie zwei Tische zusammenschieben?	**¿Podría poner dos mesas juntas?**	[po'ðria po'ner dos 'mesas 'xuntas]

Abendessen	**cena** *f*	['θena]
Begleitung	**compañía** *f*	[kompa'ɲia]
bestellen	**pedir**	[pe'ðir]
Bestellung	**pedido** *m*	[pe'ðiðo]
Empfehlung	**recomendación** *f*	[rrekomenda'θjon]
Fenster	**ventana** *f*	[ben'tana]
Garderobe	**vestíbulo** *m*	[bes'tiβulo]
Karte	**plano** *m*	['plano]
Kellner	**camarero** *m*	[kama'rero]
kinderlieb	**niñero**	[ni'ɲero]
Menü	**menú** *m*	[me'nu]
Mittagessen	**comida** *f*	[ko'miða]
Nachspeise	**postre** *m*	['postre]
Parkplatz	**parking** *m*	['parkjŋ]
Person	**persona** *f*	[per'sona]
Portion	**porción** *f*	[por'θjon]
Preis	**precio** *m*	['preθjo]
reservieren	**reservar**	[rreser'βar]
Reservierung	**reserva** *f*	[rre'serβa]
Restaurant	**restaurante** *m*	[rrestau'rante]
Speisekarte	**carta** *f*	['karta]
Tageskarte	**menú** *m* **del día**	[me'nu del dia]
telefonisch	**por teléfono**	[por te'lefono]
Tisch	**mesa** *f*	['mesa]
vegetarisch	**vegetariano**	[bexeta'rjano]
vorbestellen	**pedir por anticipado**	[pe'ðir por antiθi'paðo]
Vorspeise	**entremeses** *m pl*/ **primer plato** *m*	[entre'meses/ pri'mer 'plato]
Weinkarte	**carta** *f* **de vinos**	['karta de 'binos]

Könnten Sie mir bitte einen Kindersitz bringen?	**¿Podría traerme una silla de niño?**	[po'ðria tra'erme 'una 'siʎa de 'niɲo]
Ist die Bedienung inklusive?	**¿Está incluido el servicio?**	[es'ta inklu'iðo el ser'βiθjo]
Würden Sie mir bitte die Speisekarte bringen?	**¿Puede traerme la carta, por favor?**	['pweðe tra'erme la 'karta, por fa'βor]
Haben Sie eine Tageskarte/ein Tagesessen?	**¿Tienen menú del día?**	['tjenen me'nu del 'dia]
Servieren Sie auch vegetarische Gerichte/Diätkost?	**¿Sirven platos vegetarianos/para dietas?**	['sirβen 'platos bexeta'rjanos/'para 'djetas]
Ich bin Vegetarier/Veganer/Diabetiker.	**Soy vegetariano/vegano/diabético.**	[soj bexeta'rjano/be'gano/dja'βetiko]
Ich esse kein Fleisch.	**No como carne.**	[no 'komo 'karne]
Was sind die typischen Gerichte der einheimischen Küche?	**¿Cuáles son los platos típicos de la cocina tradicional?**	['kwales son los 'platos 'tipikos de la ko'θina traðiθjo'nal]

Was empfehlen Sie mir?	**¿Qué me recomienda?**	[ke me rreko'mjenda]
Was ist die Spezialität des Hauses?	**¿Cuál es la especialidad de la casa?**	['kwal es la espeθjali'ðað de la 'kasa]
Gibt es auch Kinderportionen?	**¿Tienen platos para niños?**	['tjenen 'platos 'para 'niɲos]
Ist der Fisch auch bestimmt frisch?	**¿El pescado es fresco?**	[el pes'kaðo es 'fresko]
Nein, wir haben noch nicht gewählt.	**No, todavía no hemos elegido.**	[no toða'βia no 'emos ele'xiðo]
Ich nehme ...	**Voy a tomar...**	[voj a to'mar ...]
Ich hätte gerne ...	**Quería...**	[ke'ria ...]
Ich hätte gerne das gleiche wie diese Dame/dieser Herr.	**Quería lo mismo que aquella señora/aquel señor.**	[ke'ria lo 'mismo ke a'keʎa se'ɲora/ a'kel se'ɲor]
Wie heißt dieses Gericht, bitte?	**Por favor, ¿cómo se llama este plato?**	[por fa'βor 'komo se 'ʎama 'este 'plato]

Das sieht sehr appetitlich aus.	**Tiene un aspecto muy apetitoso.**	['tjene un as'pekto mwi apeti'toso]
Ich vertrage keine/ keinen ...	**Me sienta mal el/la...**	[me 'sjenta mal el/ la ...]
Könnte ich statt Kartoffeln Reis bekommen?	**¿Podría ponerme arroz en lugar de patatas?**	[po'ðria po'nerme a'rroθ en lu'gar de pa'tatas]
Bitte ein Glas/eine Flasche Wasser/ Wein.	**Por favor, un vaso/ una botella de agua/ de vino.**	[por fa'βor un 'baso/'una bo'teʎa de 'agwa/de 'bino]
Als Vorspeise/ Nachspeise hätte ich gerne ...	**De primero/postre quiero...**	[de pri'mero/ 'postre 'kjero ...]
Bringen Sie uns bitte noch etwas ...	**Por favor, tráiganos un poco más de...**	[por fa'βor 'trajganos un 'poko mas de ...]
Ja, ich nehme gerne noch etwas ...	**Sí, yo voy a tomar otro poco de...**	[si jo voj a to'mar 'otro 'poko de ...]
Ich bin satt, danke.	**Estoy lleno, gracias.**	[es'toj 'ʎeno 'graθjas]

Ich hätte gerne einen Verdauungsschnaps.	**Quisiera un licor *m* digestivo.**	[ki'sjera un li'kor dixes'tiβo]
Ich hätte gerne eine Tasse Kaffee ohne/mit Milch und Zucker.	**Quisiera una taza de café sin/con leche y azúcar.**	[ki'sjera 'una 'taθa de ka'fe sin/kon 'letʃe i a'θukar]
Kompliment an den Koch!	**Felicite al cocinero.**	[feli'θite al koθi'nero]
Es ist eine sehr angenehme Atmosphäre hier.	**Hay un ambiente muy agradable.**	[aj un am'biente mwi agra'ðaβle]
Auf meinem Tisch fehlen Salz/Pfeffer/Essig/Öl/ein Aschenbecher/eine Serviette/Zahnstocher.	**En mi mesa no hay sal/pimienta/vinagre/aceite/cenicero/servilletas/palillos.**	[en mi 'mesa no aj sal/pi'mjenta/bi'nagre/a'θeite/θeni'θero/serβi'ʎetas/pa'liʎos]
Zum Wohl!	**¡Salud!**	[sa'luð]
Guten Appetit!	**¡Buen provecho!**	['bwen pro'βetʃo]
Haben Sie eine deutschsprachige Speisekarte?	**¿Tienen un menú en alemán?**	['tjenen un me'nu en ale'man]

Beilage	**guarnición** *f*	[gwarni'θjon]
Besteck	**cubiertos** *m pl*	[ku'βjertos]
Bestellung	**pedido** *m*	[pe'ðiðo]
Dessert	**postre** *m*	['postre]
Essig	**vinagre** *m*	[bi'nagre]
Flasche	**botella** *f*	[bo'teʎa]
Gabel	**tenedor** *m*	[tene'ðor]
Gang	**plato** *m*	['plato]
Gericht	**plato** *m*	['plato]
Geschmack	**sabor** *m*	[sa'βor]
groß	**grande**	['grande]
Hauptspeise	**segundo plato** *m*	[se'gundo 'plato]
hausgemacht	**casero**	[ka'sero]
Kellner	**camarero** *m*	[kama'rero]
Ketschup	**ketchup** *m*	[ke'tʃup]
klein	**pequeño**	[pe'keɲo]
Löffel	**cuchara** *f*	[ku'tʃara]
Messer	**cuchillo** *m*	[ku'tʃiʎo]
Nachtisch	**postre** *m*	['postre]
Pfeffer	**pimienta** *f*	[pi'mjenta]
Salz	**sal** *f*	[sal]
Serviette	**servilleta** *f*	[serβi'ʎeta]
Speisekarte	**carta** *f*	['karta]
Spezialität	**especialidad** *f*	[espeθjali'ðað]
Suppe	**sopa** *f*	['sopa]
Tasse	**taza** *f*	['taθa]
Teller	**plato** *m*	['plato]
Vorspeise	**entremeses** *m pl*/ **primer plato** *m*	[entre'meses/ pri'mer 'plato]
Weinkarte	**carta** *f* **de vinos**	['karta de 'binos]

Frühstück

Brot	**pan** *m*	[pan]
Brötchen	**panecillo** *m*	[pane'θiʎo]
Brötchen, belegt mit Serranoschinken	**bocadillo** *m* **con jamón serrano**	[boka'ðiʎo kon xa'mon se'rrano]
Butter	**mantequilla** *f*	[mante'kiʎa]
Ei	**huevo** *m*	['weβo]
Fruchtsaft	**zumo** *m*	['θumo]
Frühstück	**desayuno** *m*	[desa'juno]
Honig	**miel** *f*	['mjel]
Joghurt	**yogurt** *m*	[jo'gur]
Kaffee	**café** *m*	[ka'fe]
Kaffee mit Milch	**café** *m* **con leche**	[ka'fe kon 'letʃe]
Käse	**queso** *m*	['keso]
Manchegokäse	**queso** *m* **manchego**	['keso man'tʃego]
Marmelade	**mermelada** *f*	[merme'laða]
Milch	**leche** *f*	['letʃe]
Müsli	**muesli** *m*	['mwesli]
Obst	**fruta** *f*	['fruta]
Quark	**requesón** *m*	[rreke'son]
Rührei	**huevos** *m pl* **revueltos**	['weβos rre'βweltos]
Schinken	**jamón** *m*	[xa'mon]
Speck	**panceta** *f*	[pan'θeta]
Spiegelei	**huevo** *m* **frito**	['weβo 'frito]
Tee	**té** *m*	[te]
Toast	**tostada** *f*	[tos'taða]
Weißbrot	**pan** *m* **blanco**	[pan 'blaŋko]
Wurst	**embutido** *m*	[embu'tiðo]

Vorspeisen

Artischocken	**alcachofas** *f pl*	[alkaˈtʃofas]
Austern	**ostras** *f pl*	[ˈostras]
Garnelen	**langostinos** *m pl*	[langosˈtinos]
Hummer	**langosta** *f*	[laŋˈgosta]
Kaviar	**caviar** *m*	[kaˈβjar]
Krabben	**gambas** *f pl*	[ˈgambas]
Melone	**melón** *m*/**sandía** *f*	[meˈlon/sanˈðia]
Pastete	**paté** *m*	[paˈte]
Räucheraal	**anguila** *f* **ahumada**	[aŋˈgila auˈmaða]
Sardellen	**anchoas** *f pl*	[anˈtʃoas]
Schinken	**jamón** *m*	[xaˈmon]
gekocht	**cocido**	[koˈθiðo]
geräuchert	**ahumado**	[auˈmaðo]
Vorspeise	**entrada** *f*	[enˈtraða]

Suppen

Bohnensuppe	**sopa** *f* **de judías**	[ˈsopa de xuˈðias]
Brokkolicremesuppe	**crema** *f* **de brécol**	[ˈkrema de ˈbrekol]
Champignon-cremesuppe	**crema** *f* **de champiñones**	[ˈkrema de tʃampiˈɲones]
Fischsuppe	**sopa** *f* **de pescado**	[ˈsopa de pesˈkaðo]
Fleischbrühe	**caldo** *m* **de carne**	[ˈkaldo de ˈkarne]
Gemüsesuppe	**sopa** *f* **de verdura**	[ˈsopa de berˈðura]
Hühnersuppe	**sopa** *f* **de pollo**	[ˈsopa de ˈpoʎo]

Kartoffelsuppe	**sopa** *f* **de patatas**	['sopa de pa'tatas]
Spargelcremesuppe	**crema** *f* **de espárragos**	['krema de es'parragos]
Tomatencremesuppe	**crema** *f* **de tomate**	['krema de to'mate]
Zwiebelsuppe	**sopa** *f* **de cebolla**	['sopa de θe'βoʎa]

Nudelgerichte

Bandnudeln	**tallarines** *m pl*	[taʎa'rines]
Canneloni	**canelones** *m pl*	[kane'lones]
Gnocchi	**ñoquis** *m pl*	['ɲokis]
Lasagne	**lasaña** *f*	[la'saɲa]
Makkaroni	**macarrones** *m pl*	[maka'rrones]
Nudeln	**pasta** *f*	['pasta]
Spaghetti	**espaguetis** *m pl*	[espa'getis]

Salate

Bohnensalat	**ensalada** *f* **de judías**	[ensa'laða de xu'ðias]
Fischsalat	**ensalada** *f* **de pescado**	[ensa'laða de pes'kaðo]
grüner Salat	**ensalada** *f* **verde**	[ensa'laða 'berðe]
gemischter Salat	**ensalada** *f* **mixta**	[ensa'laða 'mista]
Gurkensalat	**ensalada** *f* **de pepino**	[ensa'laða de pe'pino]
Nudelsalat	**ensalada** *f* **de pasta**	[ensa'laða de 'pasta]
russischer Salat	**ensalada** *f* **rusa**	[ensa'laða 'rusa]

Reissalat	**ensalada** *f* **de arroz**	[ensa'laða de a'rroθ]
Tomatensalat	**ensalada** *f* **de tomate**	[ensa'laða de to'mate]

Dressings

French Dressing	**aliño** *m* **francés**	[a'lipo fran'θes]
Joghurt-Dressing	**salsa** *f* **de yogur**	['salsa de jo'gur]
Knoblauchsoße	**alioli** *m*	[ali'oli]
Kräutersoße	**salsa** *f* **de hierbas**	['salsa de 'jerβas]
Öl und Essig	**aceite** *m* **y vinagre** *m*	[a'θejte i bi'nagre]

Gewürze

Basilikum	**albahaca** *f*	[alβa'aka]
Curry	**curry** *m*	['kurri]
Gewürz	**especia** *f*	[es'peθja]
Knoblauch	**ajo** *m*	['axo]
Kreuzkümmel	**comino** *m*	[ko'mino]
Kümmel	**comino** *m*	[ko'mino]
Lorbeer	**laurel** *m*	[lau'rel]
Muskat	**nuez** *f* **moscada**	[nw'eθ mos'kaða]
Oregano	**orégano** *m*	[o'regano]
Paprika	**pimentón** *m*	[pimen'ton]
Pfeffer	**pimienta** *f*	[pi'mjenta]
Rosmarin	**romero** *m*	[rro'mero]
Salz	**sal** *f*	[sal]
Senf	**mostaza** *f*	[mos'taθa]
Zimt	**canela** *f*	[ka'nela]
Zucker	**azúcar** *m*	[a'θukar]

Hauptgerichte
Fisch

Aal	**anguila** *f*	[aŋ'gila]
Dorsch	**bacalao** *m*	[baka'lao]
Forelle	**trucha** *f*	['trutʃa]
Garnelen	**langostinos** *m pl*	[laŋgos'tinos]
Heilbutt	**rodaballo** *m*	[rroða'βaʎo]
Kabeljau	**bacalao** *m*	[baka'lao]
Karpfen	**carpa** *f*	['karpa]
Krebs	**cangrejo** *m*	[kaŋ'grexo]
Lachs	**salmón** *m*	[sal'mon]
Makrele	**caballa** *f*	[ka'βaʎa]
Meeresfrüchte	**marisco** *m*	[ma'risko]
Miesmuscheln	**mejillones** *m pl*	[mexi'ʎones]
Paella	**paella** *f*	[pa'eʎa]
Rotbarsch	**barbo** *m*	['barβo]
Sardellen	**boquerones** *m pl*	[boke'rones]
Seelachs	**carbonero** *m*	[karβo'nero]
Seezunge	**lenguado** *m*	[leŋ'gwaðo]
Thunfisch	**atún** *m*	[a'tun]
Tintenfisch	**calamar** *m*	[kala'mar]
Tintenfischringe	**anillos** *m* **de calamar**	[a'niʎos de kala'mar]
Venusmuscheln	**almejas** *f pl*	[al'mexas]
roh	**crudo**	['kruðo]
gekocht/gedünstet	**cocido**	[ko'θiðo]
gebraten	**frito/asado**	['frito/asaðo]
geräuchert	**ahumado**	[au'maðo]
vom Grill	**a la plancha**	[a la 'plantʃa]

Geflügel

Ente	**pato** *m*	['pato]
Gans	**oca** *f*	['oka]
Hähnchen	**pollo** *m*	['poʎo]
Pute	**pavo** *m*	['paβo]
Truthahn	**pavo** *m*	['paβo]

Wild

Hase	**liebre** *f*	['ljeβre]
Hirsch	**ciervo** *m*	['θjerβo]
Reh	**corzo** *m*	['korθo]
Wildschwein	**jabalí** *m*	[xaβa'li]

Fleisch

Filet	**solomillo** *m*	[solo'miʎo]
Frikadelle	**albóndiga** *f*	[al'βonðiga]
Frikassee	**fricasé** *m*	[frika'se]
Gulasch	**gulasch** *m*	[gu'laʃ]
Hackbraten	**asado** *m* **de carne picada**	[a'saðo de 'karne pi'kaða]
Haxe	**codillo** *m*	[ko'ðiʎo]
Kalbfleisch	**carne** *f* **de ternera**	['karne de ter'nera]
Keule	**pierna** *f*	['pjerna]
Kotelett	**chuleta** *f*	[tʃu'leta]
Lende	**lomo** *m*	['lomo]
Rindsrouladen	**asado** *m* **de vacuno**	[a'saðo de ba'kuno]

Rindfleisch	**carne** *f* **de vacuno**	['karne de ba'kuno]
Schulter	**hombro** *m*	['ombro]
Schweinefleisch	**carne** *f* **de cerdo**	['karne de 'θerðo]
Steak	**filete** *m*	[fi'lete]

Beilagen

Backkartoffeln	**patatas** *f pl* **asadas**	[pa'tatas a'saðas]
mit Sauerrahm	**con nata agria**	[kon 'nata 'agrja]
mit Kräuterbutter	**con mantequilla de hierbas**	[kon mante'kiʎa de 'jerβas]
Blumenkohl	**coliflor** *f*	[koli'flor]
Bohnen	**judías** *f pl*	[xu'ðias]
Bratkartoffeln	**patatas** *f pl* **salteadas**	[pa'tatas salte'aðas]
Erbsen	**guisantes** *m pl*	[gi'santes]
Fenchel	**hinojo** *m*	[i'noxo]
Gewürzgurken	**pepino** *m*	[pe'pino]
Grünkohl	**col** *f* **verde**	[kol 'berðe]
Gurke	**pepino** *m*	[pe'pino]
Kartoffelbrei	**puré** *m* **de patatas**	[pu're de pa'tatas]
Kartoffeln	**patatas** *f pl*	[pa'tatas]
Kroketten	**croquetas** *f pl*	[kro'ketas]
Lauch	**puerro** *m*	['pwerro]
Mais	**maíz** *m*	[ma'iθ]
Meerrettich	**rábano** *m* **picante**	['raβano pi'kante]
Möhren	**zanahorias** *f pl*	[θana'orjas]
Paprika	**pimiento** *m*	[pi'mjento]

gefüllte Paprika	**pimiento** *m* **relleno**	[pi'mjento rre'ʎeno]
Pellkartoffeln	**patatas** *f pl* **con piel**	[pa'tatas kon 'pjel]
Pommes frites	**patatas** *f pl* **fritas**	[pa'tatas 'fritas]
Reis	**arroz** *m*	[a'rroθ]
Radieschen	**rabanitos** *m pl*	[rraβa'nitos]
Rosenkohl	**coles** *f pl* **de Bruselas**	['koles de bru'selas]
Rote Beete	**remolacha** *f*	[rremo'latʃa]
Rotkohl	**col** *f* **roja**	[kol 'rroxa]
Salzkartoffeln	**patatas** *f pl* **cocidas**	[pa'tatas ko'θiðas]
Sellerie	**apio** *m*	['apjo]
Spargel	**espárragos** *m pl*	[es'parragos]
Spinat	**espinaca** *f*	[espi'naka]
Tomaten	**tomates** *m pl*	[to'mates]
Weißkohl	**repollo** *m*	[rre'poʎo]
Wirsing	**col** *f* **de Milán**	[kol de mi'lan]

Pilze

Champignon	**champiñones** *m pl*	[tʃampi'ɲones]
Morchel	**morilla** *f*	[mo'riʎa]
Pfifferling	**cantarela** *f*	[kanta'rela]
Steinpilz	**boleto** *m* **comestible**	[bo'leto komes'tiβle]

Eierspeisen

hartgekochtes Ei	**huevo** *m* **duro**	['weβo 'duro]

weichgekochtes Ei	**huevo** *m* **pasado por agua**	['weβo pa'saðo por 'agwa]
Rührei	**huevos** *m pl* **revueltos**	['weβos rre'βweltos]
Spiegelei	**huevo** *m* **frito**	['weβo 'frito]
Omelett	**tortilla** *f* **francesa**	[tor'tiʎa fran'θesa]

Süßspeisen

Creme/Mousse	**crema** *f*/ **mousse** *m*	['krema/mus]
Eis	**helado** *m*	[e'laðo]
mit heißen Himbeeren	**con frambuesas calientes**	[kon fram'bwesas ka'ljentes]
mit heißer Schokolade	**con chocolate caliente**	[kon tʃoko'late ka'ljente]
Eisbecher	**copa** *f* **de helado**	['kopa de e'laðo]
gemischtes Eis	**helado** *m* **mixto**	[e'laðo 'misto]
Kuchen	**tarta** *f*	['tarta]
Obstsalat	**macedonia** *f*	[maθe'ðonja]
Pfannkuchen	**crepe** *f*	['krepe]
Pudding	**flan** *m*	[flan]
Schokolade	**chocolate** *m*	[tʃoko'late]
Torte	**tarta** *f*	['tarta]
Portion Schlagsahne	**porción** *f* **de nata montada**	[por'θjon de 'nata mon'taða]
Vanille	**vainilla** *f*	[bai'niʎa]
Waffeln	**gofre** *m*	['gofre]
Windbeutel	**buñuelo** *m*	[buɲu'elo]

Das Essen war ausgezeichnet.	**La comida ha sido estupenda.**	[la koˈmiða a ˈsiðo estuˈpenda]
Kompliment an den Koch.	**Felicite al cocinero.**	[feliˈθite al koθiˈnero]
Wir sind sehr zufrieden.	**Estamos muy satisfechos.**	[esˈtamos mwi satisˈfetʃos]
Es hat mir nicht geschmeckt.	**No me ha gustado.**	[no me a gusˈtaðo]
Das Essen ist kalt/versalzen.	**La comida está fría/demasiado salada.**	[la koˈmiða esˈta ˈfria/demaˈsjaðo saˈlaða]
Der Fisch ist nicht frisch.	**El pescado no es fresco.**	[el pesˈkaðo no es ˈfresko]
Das habe ich nicht bestellt.	**Esto no es lo que he pedido.**	[ˈesto no es lo ke e peˈðiðo]
Haben Sie mein(e) ... vergessen?	**¿Ha olvidado mi...?**	[a olβiˈðaðo mi ...]
Hier fehlt ein(e) ..., bitte!	**Por favor, falta un/una...**	[por faˈβor ˈfalta un/ˈuna ...]

Nehmen Sie es bitte zurück.	**Lléveselo otra vez.**	['ʎeβeselo 'otra beθ]
Bezahlen, bitte!	**La cuenta, por favor.**	[la 'kwenta por fa'βor]
Bitte berechnen Sie alles zusammen.	**Todo junto, por favor.**	['toðo 'xunto por fa'βor]
Getrennte Rechnungen, bitte.	**Cuentas separadas, por favor.**	['kwentas sepa'raðas por fa'βor]
Ich hatte folgende Speisen:	**Yo he comido estos platos:**	[jo e ko'miðo 'estos 'platos]
Geben Sie mir bitte eine Quittung.	**Por favor, déme una factura.**	[por fa'βor 'deme 'una fak'tura]
Kann ich mit Kreditkarte zahlen?	**¿Puedo pagar con tarjeta de crédito?**	['pweðo pa'gar kon tar'xeta de 'kreðito]
Es stimmt so.	**Está bien así.**	[es'ta 'bjen a'si]
Die Rechnung scheint mir nicht zu stimmen.	**Me parece que la cuenta no está bien.**	[me pa'reθe ke la 'kwenta no es'ta 'bjen]

ablehnen	**rechazar**	[rretʃa'sar]
ausgezeichnet	**estupendo**	[estu'pendo]
Bedienung	**servicio** *m*	[ser'βiθjo]
beschweren	**quejarse**	[ke'xarse]
Besteck	**cubiertos** *m pl*	[ku'βjertos]
bestellen	**pedir**	[pe'ðir]
dreckig	**sucio**	['suθjo]
fehlen	**faltar**	[fal'tar]
frisch	**fresco**	['fresko]
Gast	**cliente** *m/f*	['kljente]
Geld	**dinero** *m*	[di'nero]
genau	**exacto**	[e'sakto]
Getränk	**bebida** *f*	[be'βiða]
getrennt	**separado**	[sepa'raðo]
Glas	**vaso** *m*/**copa** *f*	['baso/'kopa]
Hunger	**hambre** *m*	['amβre]
Irrtum	**error** *m*	[e'rror]
kalt	**frío**	['frio]
Kleingeld	**dinero** *m* **suelto**	[di'nero 'swelto]
langsam	**despacio**	[des'paθjo]
lauwarm	**templado**	[tem'plaðo]
Löffel	**cuchara** *f*	[ku'tʃara]
Messer	**cuchillo** *m*	[ku'tʃiʎo]
Portion	**porción** *f*	[por'θjon]
Quittung	**factura** *f*	[fak'tura]
Rechnung	**cuenta** *f*	['kwenta]
Rest	**resto** *m*	['resto]
scharf	**picante**	[pi'kante]
schlecht	**malo**	['malo]
schmecken	**saber/gustar**	[sa'βer/gus'tar]

spät	**tarde**	[ˈtarðe]
Teller	**plato** *m*	[ˈplato]
Trinkgeld	**propina** *f*	[proˈpina]
unfreundlich	**desagradable**	[desagraˈðaβle]
verdorben	**podrido**	[poˈðriðo]
vergessen	**olvidado**	[olβiˈðaðo]
verpfeffert	**con demasiada pimienta**	[kon demaˈsjaða piˈmjenta]

In Spanien gibt es in Bars sehr häufig auch die Möglichkeit, ein Tagesmenü („Menú del día") oder kleine Häppchen („Tapas") zu essen. Tapas werden zu Wein oder Bier serviert. In einem spanischen Restaurant wird nur sehr selten vor 21 Uhr zu Abend gegessen.

verrechnet	**mal calculado**	[mal kalkuˈlaðo]
versalzen	**demasiado salado**	[demaˈsjaðo saˈlaðo]
verschüttet	**derramado**	[derraˈmaðo]
warten	**esperar**	[espeˈrar]
Wechselgeld	**cambio** *m*	[ˈkambjo]
zahlen	**pagar**	[paˈgar]
zu fett	**demasiado graso**	[demaˈsjaðo ˈgraso]
zu heiß	**demasiado caliente**	[demaˈsjaðo kaˈljente]
zu kalt	**demasiado frío**	[demaˈsjaðo ˈfrio]
zu sauer	**demasiado ácido**	[demaˈsjaðo ˈaθiðo]

Gibt es hier eine nette Bar?	**¿Hay un bar agradable por aquí?**	[aj un bar agra'ðaβle por a'ki]
Welche Garderobe ist dort angebracht?	**¿Qué ropa hay que llevar?**	[ke 'rropa aj ke ʎe'βar]
Um wieviel Uhr schließen Sie?	**¿A qué hora cierran?**	[a ke 'ora 'θjerran]
Kann man dort auch etwas essen?	**¿Sirven comidas?**	['sirβen ko'miðas]
Welche Cocktails haben Sie?	**¿Qué cócteles tienen?**	[ke 'kokteles 'tjenen]
Ich hätte gerne einen Longdrink.	**Una copa, por favor.**	['una 'kopa por fa'βor]
Führen Sie auch alkoholfreie Drinks?	**¿Tienen bebidas sin alcohol?**	['tjenen be'βiðas sin al'kol]
Ist in dem Getränk Alkohol?	**¿Esta bebida tiene alcohol?**	['esta be'βiða 'tjene al'kol]
Darf ich Sie auf einen Drink einladen?	**¿Me permite que le invite a una copa?**	[me per'mite ke le in'βite a 'una 'kopa]

Würden Sie mit mir tanzen?	**¿Quiere bailar conmigo?**	['kjere baj'lar kon'migo]
Ist dieser Platz noch frei?	**¿Está libre?**	[es'ta 'lißre]
Ich hätte gern ein Glas Saft.	**Quiero un zumo.**	['kjero un 'θumo]
Mit/Ohne Eis!	**Con/Sin hielo.**	[kon/sin 'jelo]
Ich möchte eine kleine/mittlere/große/sehr große Portion Eis.	**Quiero un helado pequeño/mediano/grande/muy grande.**	['kjero un e'laðo pe'keɲo/me'ðiano/'grande/mwi 'grande]
Welche Eissorten können Sie mir anbieten?	**¿Qué helados tienen?**	[ke e'laðos 'tjenen]
Ist Alkohol in dem Eisbecher?	**¿Tiene alcohol la copa de helado?**	['tjene al'kol la 'kopa de e'laðo]
Ich möchte bitte ein Stück Kuchen.	**Quería un trozo de pastel, por favor.**	[ke'ria un 'trozo de pas'tel por fa'ßor]
Zahlen, bitte!	**La cuenta, por favor.**	[la 'kwenta por fa'ßor]

Bananeneis	**helado** *m* **de plátano**	[e'laðo de 'platano]
Bar	**bar** *m*	[bar]
Bardame	**camarera** *f*	[kama'rera]
Barhocker	**taburete** *m*	[taβu'rete]
Café	**café** *m*	[ka'fe]
Discjockey	**pinchadiscos** *m*	[pintʃa'ðiskos]
Eiscafe	**café** *m* **con helado**	[ka'fe kon e'laðo]
Eisschokolade	**chocolate** *m* **con helado**	[tʃoko'late kon e'laðo]
Eiswaffeln	**barquillos** *m pl*	[bar'kiʎos]
Eiswürfel	**cubitos** *m pl* **de hielo**	[ku'βitos de 'jelo]
Erdbeereis	**helado** *m* **de fresa**	[e'laðo de 'fresa]
Feuerzeug	**mechero** *m*	[me'tʃero]
Fruchtcocktail	**cóctel** *m* **de frutas**	['koktel de 'frutas]
gemischtes Eis	**helado** *m* **mixto**	[e'laðo 'misto]
Kaffee	**café** *m*	[ka'fe]
Kaffeegedeck	**servicio** *m* **de café**	[ser'βiθjo de ka'fe]
Kaffeelöffel	**cucharilla** *f*	[kutʃa'riʎa]
Kaffeetasse	**taza** *f* **de café**	['taθa de ka'fe]
Kuchen	**tarta** *f*	['tarta]
Lokalrunde	**ronda** *f* **pagada**	['rronda pa'gaða]
Maronen	**castañas** *f pl*	[kas'taɲas]
Milch	**leche** *f*	['letʃe]
Musik	**música** *f*	['musika]
Plätzchen	**galletitas** *f pl* **de Navidad**	[gaʎe'titas de naβi'ðað]

Sahne	**nata** *f*	[ˈnata]
Sahnebaiser	**merengue** *m*	[meˈreŋge]
Sahnetorte	**tarta** *f* **de nata**	[ˈtarta de ˈnata]
Schokolade	**chocolate** *m*	[tʃokoˈlate]
Schokoladeneis	**helado** *m* **de chocolate**	[eˈlaðo de tʃokoˈlate]
Serviette	**servilleta** *f*	[serβiˈʎeta]
Strohhalm	**pajita** *f*	[paˈxita]
Tee	**té** *m*	[te]
Teegebäck	**pastas** *f pl* **de té**	[ˈpastas de te]
Tisch	**mesa** *f*	[ˈmesa]
Tischkerze	**vela** *f*	[ˈbela]

i

Das soziale Leben der Spanier spielt sich hauptsächlich in den zahlreichen Bars ab. Ein Spanier wird Sie lieber in eine Bar einladen als zu sich nach Hause, um dort dem „tomar algo" zu frönen: Reden und nebenbei ein Glas Bier („cerveza") oder einen Kaffee trinken.

Torte	**tarta** *f*	[ˈtarta]
Trinkgeld	**propina** *f*	[proˈpina]
Untertasse	**platillo** *m*	[plaˈtiʎo]
Vanilleeis	**helado** *m* **de vainilla**	[eˈlaðo de bajˈniʎa]
Zigarettenautomat	**máquina** *f* **de tabaco**	[ˈmakina de taˈβako]
Zitroneneis	**helado** *m* **de limón**	[eˈlaðo de liˈmon]
Zucker	**azúcar** *m*	[aˈθukar]

alkoholfreies Getränk	**bebida** *f* **sin alcohol**	[beˈβiða sin alˈkol]
Apfelsaft	**zumo** *m* **de manzana**	[ˈθumo de manˈθana]
Branntwein	**coñac** *m*	[koˈɲak]
Limonade	**refresco** *m*	[rreˈfresko]
Cappuccino	**capuchino** *m*	[kapuˈtʃino]
Champagner	**champán** *m*	[tʃamˈpan]
Cola	**coca** *f*	[ˈkoka]
Cocktail	**cóctel** *m*	[ˈkoktel]
heiße Schokolade	**chocolate** *m* **caliente**	[tʃokoˈlate kaˈljente]
Kognak	**coñac** *m*	[koˈɲak]
Likör	**licor** *m*	[liˈkor]
Longdrinks	**copas** *f pl*	[ˈkopas]
Magenbitter	**amargo** *m*	[aˈmargo]
Mineralwasser	**agua** *f* **mineral**	[ˈagwa mineˈral]
ohne/mit Kohlensäure	**sin/con gas** *m*	[sin/kon gas]
Orangensaft	**zumo** *m* **de naranja**	[ˈθumo de naˈraŋxa]
Rotwein	**vino** *m* **tinto**	[ˈβino ˈtinto]
Sekt	**cava** *m*/**champán** *m*	[ˈkaβa/tʃamˈpan]
stilles Wasser	**agua** *f* **mineral sin gas**	[ˈagwa miˈneral sin gas]
Tomatensaft	**zumo** *m* **de tomate**	[ˈθumo de toˈmate]
Weißwein	**vino** *m* **blanco**	[ˈbino ˈblaŋko]

Shopping & Service

Heute im Angebot!	**¡Hoy de oferta!**	[oi de o'ferta]
Wo bitte sind die Einkaufswagen?	**¿Dónde están los carros de la compra?**	['donde es'tan los 'karros de la 'kompra]
Können Sie mir Geld wechseln?	**¿Tiene cambio?**	['tjene 'kambjo]
Ich möchte ...	**Quería...**	[ke'ria]
Haben Sie ...	**Tiene...**	['tjene]
Wo bitte stehen die ...?	**¿Dónde está la sección de...?**	['donde es'ta la seg'θjon de]
Wie teuer ist das?	**¿Cuánto cuesta?**	['kwanto 'kwesta]
Gibt es das auch einzeln?	**¿Lo venden también por unidades?**	[lo 'benðen tam-'bjen por uni'ðaðes]
Haben Sie auch ein ähnliches Produkt?	**¿Tiene un producto parecido?**	['tjene un pro'ðuk-to pare'θiðo]
Ich hätte gerne ein Bund/100 Gramm/ 1 Kilo/eine Flasche/ eine Dose/ein Glas hiervon.	**Quería un ramo/ cien gramos/un kilo/ una botella/una lata/ un vaso de esto.**	[ke'ria un 'rramo/ 'θjen 'gramos/un 'kilo/'una bo'teʎa/ 'una 'lata/un 'baso de 'esto]

Könnten Sie mir etwas hiervon abwiegen?	**¿Podría pesarme un poco de esto?**	[po'ðria pe'sarme un 'poko de 'esto]
Wie lange bleibt das frisch?	**¿Cuánto tiempo se conserva fresco?**	['kwanto 'tjempo se kon'serβa 'fresko]
Danke, ich werde gerade schon bedient.	**Gracias, ya me atienden.**	['graθjas, ja me a'tjenden]
Danke, das ist alles.	**Gracias, nada más.**	['graθjas 'naða mas]
Eine Tragetasche, bitte.	**Una bolsa, por favor.**	['una 'bolsa por fa'βor]
Haben Sie auch Papiertüten?	**¿Tienen bolsas de papel?**	['tjenen 'bolsas de pa'pel]
Können Sie es mir einpacken?	**¿Puede envolvérmelo?**	['pweðe enβol-'βermelo]
Was macht/kostet das bitte zusammen?	**¿Cuánto es?**	['kwanto es]
Nehmen Sie auch Euro/Kreditkarte?	**¿Aceptan euros/ tarjeta de crédito?**	[a'θeptan 'ewros/ tar'xeta de 'kredito]

Alkohol	**alcohol** *m*	[al'kol]
After Shave	**loción** *f* **de afeitar**	[lo'θjon de afej'tar]
Babynahrung	**alimentos** *m pl* **para bebés**	[ali'mentos 'para be'βes]
Bier	**cerveza** *f*	[θer'βeθa]
Binden	**compresas** *f pl*	[kom'presas]
Brot	**pan** *m*	[pan]
Brötchen	**panecillo** *m*	[pane'θiʎo]
Butter	**mantequilla** *f*	[mante'kiʎa]
Buttermilch	**suero** *m*	['swero]
Champignons	**champiñones** *m pl*	[tʃampi'ɲones]
Chips	**patatas** *f pl* **fritas en bolsa**	[pa'tatas 'fritas en 'bolsa]
Deodorant	**desodorante** *m*	[desoðo'rante]
Eier	**huevos** *m pl*	['weβos]
Eis	**helado** *m*	[e'laðo]
Essig	**vinagre** *m*	[bi'nagre]
Fisch	**pescado** *m*	[pes'kaðo]
Fleisch	**carne** *f*	['karne]
frisch	**fresco**	['fresko]
Fruchtsaft	**zumo** *m* **de fruta**	['θumo de 'fruta]
Gebäck	**pastas** *f pl*	['pastas]
Gemüse	**verdura** *f*	[ver'ðura]
Haferflocken	**copos** *m pl* **de avena**	['kopos de a'βena]
Honig	**miel** *f*	['mjel]
Hundefutter	**comida** *f* **para perros**	[ko'miða 'para 'perros]
Joghurt	**yogur** *m*	[jo'gur]
Kaffee	**café** *m*	[ka'fe]

Käse	**queso** *m*	['keso]
Kekse	**galletas** *f pl*	[ga'ʎetas]
Kindernahrung	**alimentos** *m pl* **infantiles**	[ali'mentos infan'tiles]

Die größte und beliebteste Warenhauskette ist „El Corte Inglés". In diesen großen Kaufhäusern findet man alles, was das Herz begehrt und was man zum täglichen Leben braucht: Lebensmittel aus Spanien und Übersee, Kleidung, Haushaltswaren etc.

Kohl	**col** *f*	[kol]
Kuchen	**pastel** *m*	[pas'tel]
Limonade	**refresco** *m*	[rre'fresko]
Linsen	**lentejas** *f pl*	[len'texas]
Mandeln	**almendras** *f pl*	[al'menðras]
Margarine	**margarina** *f*	[marga'rina]
Marmelade	**mermelada** *f*	[merme'laða]
Mayonnaise	**mayonesa** *f*	[majo'nesa]
Mehl	**harina** *f*	[a'rina]
Milch	**leche** *f*	['letʃe]
Mineralwasser	**agua** *f* **mineral**	['agwa mine'ral]
Nudeln	**pasta** *f*	['pasta]
Nüsse	**nueces** *f pl*	[nw'eθes]
Oliven	**aceitunas** *f pl*	[aθej'tunas]
Olivenöl	**aceite** *m* **de oliva**	[a'θejte de o'liβa]
Parfüm	**perfume** *m*	[per'fume]
Petersilie	**perejil** *m*	[pere'xil]
Pfeffer	**pimienta** *f*	[pi'mjenta]

Pfefferminze	**menta** *f*	[ˈmenta]
Pilze	**setas** *f pl*	[ˈsetas]
Pralinen	**bombones** *m pl*	[bomˈbones]
Puder	**polvo** *m*	[ˈpolβo]
Quark	**requesón** *m*	[rrekeˈson]
Reis	**arroz** *m*	[aˈrroθ]
Sahne	**nata** *f*	[ˈnata]
Salami	**salami** *m*	[saˈlami]
Salat	**ensalada** *f*	[ensaˈlaða]
Salz	**sal** *f*	[sal]
Salzstangen	**barrita** *f* **salada**	[baˈrrita saˈlaða]
Schinken	**jamón** *m*	[xaˈmon]
Schnaps	**aguardiente** *m*	[agwarˈðjente]
Schokolade	**chocolate** *m*	[tʃokoˈlate]
Seife	**jabón** *m*	[xaˈβon]
Sekt	**cava** *m*/**champán** *m*	[ˈkaβa/tʃamˈpan]
Senf	**mostaza** *f*	[mosˈtaθa]
Sonnencreme	**crema** *f* **solar**	[ˈkrema soˈlar]
Spülmittel	**detergente** *m*	[deterˈxente]
Süßigkeiten	**golosinas** *f pl*	[goloˈsinas]
Tee	**té** *m*	[te]
Thunfisch	**atún** *m*	[aˈtun]
Toast	**tostadas** *f pl*	[tosˈtaðas]
Toilettenpapier	**papel** *m* **higiénico**	[paˈpel iˈxjeniko]
Windeln	**pañales** *m pl*	[paˈɲales]
Wein	**vino** *m*	[ˈbino]
Wurst	**embutidos** *m pl*	[embuˈtiðos]
Zucker	**azúcar** *m*	[aˈθukar]
Zwieback	**pan** *m* **tostado**	[pan tosˈtaðo]

Wo ist ein gutes Bekleidungsgeschäft?	**¿Dónde hay una buena tienda de ropa?**	[ˈdonde aj ˈuna ˈbwena ˈtjenda de ˈrropa]
Können Sie mir ... zeigen?	**¿Puede mostrarme...?**	[ˈpweðe mosˈtrarme]
Ich möchte ein Paar ... Schuhe.	**Deseo unos zapatos...**	[deˈseo ˈunos θaˈpatos ...]
Ich habe Konfektionsgröße ...	**Tengo la talla...**	[ˈteŋgo la ˈtaʎa ...]
Ich habe Schuhgröße ...	**Tengo el número...**	[ˈteŋgo el ˈnumero ...]
Könnten Sie mir Maß nehmen?	**¿Podría tomarme medidas?**	[poˈðria toˈmarme meˈðiðas]
Gibt es dieses Teil auch in .../ einer anderen Farbe?	**¿Tiene esta prenda también en.../ otro color?**	[ˈtiene ˈesta ˈprenda tamˈbjen en .../ ˈotro koˈlor]
Aus welchem Material ist das?	**¿De qué material es esto?**	[de ke mateˈrjal es ˈesto]
Kann ich es anprobieren?	**¿Puedo probarme esto?**	[ˈpweðo proˈβarme ˈesto]

Wo sind die Umkleidekabinen?	**¿Dónde están los probadores?**	[ˈdonde esˈtan los proβaˈðores]
Das ist mir zu eng/ weit/lang/kurz/ klein/groß.	**Me queda muy estrecho/ancho/ largo/ corto/ pequeño/ grande.**	[me ˈkeða mwi esˈtretʃo/ˈantʃo/ ˈlargo/ˈkorto/ peˈkeɲo/ˈgrande]
Das passt gut, ich nehme es.	**Me queda bien, me lo llevo.**	[me ˈkeða ˈbjen me lo ˈʎeβo]
Können Sie das für mich ändern lassen?	**¿Podría arreglarlo?**	[poˈðria arreˈglarlo]
Kann ich das umtauschen?	**¿Puedo cambiar esto?**	[ˈpweðo kamˈbiar ˈesto]
Können Sie diese Schuhe reparieren?	**¿Podría arreglar estos zapatos?**	[poˈðria arreˈglar ˈestos θaˈpatos]
Haben Sie eine Nummer größer/kleiner?	**¿Tiene un número más grande/ pequeño?**	[ˈtjene un ˈnumero mas ˈgrande/ peˈkeɲo]
Ich brauche Schuhcreme/Schnürsenkel.	**Necesito crema para los zapatos/cordones.**	[neθeˈsito ˈkrema ˈpara los θaˈpatos/ korˈðones]
Ich hätte gern neue Schnürsenkel.	**Quería cordones nuevos.**	[keˈria korˈðones ˈnweβos]

Anzug	**traje** *m*	['traxe]
Badeanzug	**traje** *m* **de baño**	['traxe de 'baɲo]
Badehose	**bañador** *m*	[baɲa'ðor]
Badeschuhe	**zapatillas** *f pl* **de baño**	[θapa'tiʎas de 'baɲo]
Baumwolle	**algodón** *m*	[algo'ðon]
Bikini	**bikini** *m*	[bi'kini]
BH	**sujetador** *m*	[suxeta'ðor]
blau	**azul**	[a'θul]
Bluse	**blusa** *f*	['blusa]
Farbe	**color** *m*	[ko'lor]
gelb	**amarillo**	[ama'riʎo]
gestreift	**a rayas**	[a 'rrajas]
grün	**verde**	['berðe]
Gürtel	**cinturón** *m*	[θintu'ron]
Handtasche	**bolso** *m*	['bolso]
Hemd	**camisa** *f*	[ka'misa]
Hose	**pantalones** *m pl*	[panta'lones]
Hut	**sombrero** *m*	[som'brero]
Jacke	**chaqueta** *f*	[tʃa'keta]
Jeans	**pantalones** *m pl* **vaqueros**	[panta'lones ba'keros]
Kinderschuhe	**zapatos** *m pl* **para niño**	[θa'patos 'para 'niɲos]
Kleid	**vestido** *m*	[bes'tiðo]
Krawatte	**corbata** *f*	[kor'βata]
Lederjacke	**chaqueta** *f* **de cuero**	[tʃa'keta de 'kwero]
lila	**lila**	['lila]
Mantel	**abrigo** *m*	[a'βrigo]

Minirock	**minifalda** *f*	[mini'falda]
Mütze	**gorro** *m*	['gorro]
Pullover	**jersey** *m*	[xer'sej]
Pyjama	**pijama** *m*	[pi'xama]
Regenmantel	**impermeable** *m*	[imperme'aβle]
Rock	**falda** *f*	['falda]
rot	**rojo**	['rroxo]
Sandalen	**sandalias** *f pl*	[san'daljas]
Schal	**bufanda** *f*	[bu'fanda]
Schuhe	**zapatos** *m pl*	[θa'patos]
Schuhcreme	**crema** *f* **para los zapatos**	['krema 'para los θa'patos]
Schuhgröße	**número** *m* **de los zapatos**	['numero de los θa'patos]
schwarz	**negro**	['negro]
Shorts	**pantalones** *m pl* **cortos**	[panta'lones 'kortos]
Slip	**slip** *m*	[es'lip]
Socken	**calcetines** *m pl*	[kalθe'tines]
Stiefel	**botas** *f pl*	['botas]
Strickjacke	**chaqueta** *f* **de punto**	[tʃa'keta de 'punto]
Strümpfe	**calcetines** *m pl*	[kalθe'tines]
Strumpfhose	**pantis** *m pl*	['pantis]
T-Shirt	**camiseta** *f*	[kami'seta]
Turnschuhe	**zapatillas** *f pl* **de deporte**	[θapa'tiʎas de de'porte]
Unterwäsche	**ropa** *f* **interior**	['rropa inte'rjor]
weiß	**blanco**	['blaŋko]
Wolle	**lana** *f*	['lana]

Körbchengröße	**copa** *f*	['kopa]
S	**pequeña**	[pe'keɲa]
M	**mediana**	[me'ðjana]
L	**grande**	['grande]
XL	**muy grande**	[mwi 'grande]
37	**la treinta y siete**	[la 'trejnta i 'sjete]
38	**la treinta y ocho**	[la 'trejnta i 'otʃo]
39	**la treinta y nueve**	[la 'trejnta i 'nweβe]
40	**la cuarenta**	[la kwa'renta]
41	**la cuarenta y uno**	[la kwa'renta i 'uno]
42	**la cuarenta y dos**	[la kwa'renta i dos]
43	**la cuarenta y tres**	[la kwa'renta i tres]
44	**la cuarenta y cuatro**	[la kwa'renta i 'kwatro]
45	**la cuarenta y cinco**	[la kwa'renta i 'θiŋko]
46	**la cuarenta y seis**	[la kwa'renta i sejs]
47	**la cuarenta y siete**	[la kwa'renta i 'sjete]
48	**la cuarenta y ocho**	[la kwa'renta i 'otʃo]

Ich suche einen Optiker.	**Busco una óptica.**	['busko 'una 'optika]
Ich möchte eine Sonnenbrille.	**Quería unas gafas de sol.**	[ke'ria 'unas 'gafas de sol]
Würden Sie mir bitte diese Brille/Fassung reparieren?	**¿Podría arreglarme estas gafas/esta montura?**	[po'ðria arre'glar-me 'estas 'gafas/'esta mon'tura]
Ich brauche Gläser mit ... Dioptrien.	**Necesito cristales con... dioptrías.**	[neθe'sito kris'tales kon ... djop'trias]
Ich bin kurzsichtig/ weitsichtig.	**Soy corto de vista/ présbita.**	['soj 'korto de 'bista/'presβita]
Wann kann ich die Brille abholen?	**¿Cuándo puedo recoger las gafas?**	['kwando 'pweðo rreko'xer las 'gafas]
Ich habe eine Kontaktlinse verloren.	**He perdido una lentilla.**	[e per'ðiðo 'una len'tiʎa]
Ich brauche Reinigungslösung für meine Kontaktlinsen.	**Necesito un líquido limpiador para mis lentillas.**	[neθe'sito un 'likiðo limpja'ðor 'para mis len'tiʎas]

Aufbewahrungslösung	**líquido** *m* **para conservar las lentillas**	['likiðo 'para konser'βar las len'tiʎas]
Bügel	**varilla** *f*	[ba'riʎa]
Brille	**gafas** *f pl*	['gafas]
Brillenetui	**funda** *f* **para las gafas**	['funda 'para las 'gafas]
Brillenfassung	**montura** *f*	[mon'tura]
Brillenglas	**cristal** *m* **de las gafas**	[kris'tal de las 'gafas]
Dioptrien	**dioptrías** *f pl*	[djop'trias]
Entspiegelung	**quitar los reflejos**	[ki'tar los re'flexos]
Gestell	**montura** *f*	[mon'tura]
Gläser	**cristales** *m pl*	[kris'tales]
Kontaktlinsen	**lentillas** *f pl*	[len'tiʎas]
Kunststoffglas	**cristal** *m* **de plástico**	[kris'tal de 'plastiko]
Kurzsichtigkeit	**miope** *f*	['mjope]
Lesebrille	**gafas** *f pl* **para leer**	['gafas 'para le'er]
Lupe	**lupa** *f*	['lupa]
minus	**menos**	['menos]
plus	**más**	[mas]
Putztuch	**trapo** *m* **para limpiar**	['trapo 'para lim'pjar]
Sehschärfe	**agudeza** *f* **de la visión**	[agu'ðeθa de la bi'sjon]
Sehtest	**test** *m* **visual**	[test bi'swal]
Tageslinsen	**lentillas** *f pl* **de usar y tirar**	[len'tiʎas de u'sar i ti'rar]
Weitsichtigkeit	**hipermetropía** *f*	[iper'metropia]

Haben Sie deutsche Zeitungen/ Zeitschriften?	**¿Tiene periódicos/ revistas alemanes/ -nas?**	[ˈtjene peˈrjoðikos/ rreˈβistas aleˈmanes/nas]
Ich brauche einen Reiseführer/eine Wanderkarte von dieser Gegend.	**Necesito una guía de viajes/un mapa de senderismo de esta región.**	[neθeˈsito ˈuna ˈgia de ˈbjaxes/ un ˈmapa de sendeˈrismo de ˈesta rreˈxjon]
Haben Sie Briefumschläge?	**¿Tiene sobres?**	[ˈtjene ˈsoβres]
Bekomme ich bei Ihnen auch Briefmarken?	**¿Vende también sellos?**	[ˈbende tamˈβjen ˈseʎos]
Ich brauche eine Speicherkarte/Akkus für diese Kamera.	**Necesito una tarjeta de memoria/pilas recargables para esta cámara.**	[neθeˈsito una tarˈxeta de meˈmorja/ˈpilas rrekarˈgaβles ˈpara ˈesta ˈkamara]
Der Auslöser/Blitz funktioniert nicht.	**El disparador/flash no funciona.**	[el disparaˈðor/ flaʃ no funˈθjona]
Könnten Sie die Bilder von meiner Digitalkamera auf CD brennen?	**¿Podría grabar las fotos de mi cámara en un CD?**	[poˈðria graˈβar las ˈfotos de mi ˈkamara en un θeˈðe]

Akku	**pila** *f* **recargable**	[ˈpila rrekarˈgaβle]
Ansichtskarte	**tarjeta** *f* **postal**	[tarˈxeta posˈtal]
Batterien	**pilas** *f pl*	[ˈpilas]
Bleistift	**lápiz** *m*	[ˈlapiθ]
Briefmarke	**sello** *m*	[ˈseʎo]
Briefpapier	**papel** *m* **de cartas**	[paˈpel de ˈkartas]
Briefumschlag	**sobre** *m*	[ˈsoβre]
Digitalkamera	**cámara** *f* **digital**	[ˈkamara dixiˈtal]
Feuerzeug	**mechero** *m*	[meˈtʃero]
Fotos hochladen	**subir fotos**	[suˈβir ˈfotos]
Geschenkpapier	**papel** *m* **de regalo**	[paˈpel de rreˈgalo]
Kaugummi	**chicle** *m*	[ˈtʃikle]
Klebstoff	**pegamento** *m*	[pegaˈmento]
Kugelschreiber	**bolígrafo** *m*	[boˈligrafo]
Landkarte	**mapa** *m*	[ˈmapa]
Notizblock	**bloc** *m* **de notas**	[blok de ˈnotas]
Papier	**papel** *m*	[paˈpel]
Pfeife	**pipa** *f*	[ˈpipa]
Reiseführer	**guía** *f* **de viajes**	[ˈgia de ˈbjaxes]
Speicherkarte	**tarjeta** *f* **de memoria**	[tarˈxeta de meˈmorja]
Spiegelreflexkamera	**cámara** *f* **reflex**	[ˈkamara reˈfles]
Stadtplan	**plano** *m*	[ˈplano]
Straßenkarte	**mapa** *m* **de carreteras**	[ˈmapa de karreˈteras]
Tabak	**tabaco** *m*	[taˈβako]
Zeitschrift	**revista** *f*	[rreˈβista]
Zeitung	**periódico** *m*	[peˈrjoðiko]
Zigarette	**cigarrillo** *m*	[θigaˈrriʎo]

Welche Souvenirs sind typisch für diese Gegend?	**¿Qué recuerdos son típicos en esta región?**	[ke rre'kwerðos son 'tipikos en 'esta rre'xjon]
Ich möchte ein hübsches Andenken kaufen.	**Quería comprar un recuerdo bonito.**	[ke'ria kom'prar un rre'kwerðo bo'nito]
Dieses Schmuckstück ist wunderschön.	**Esta joya es maravillosa.**	['esta 'xoja es maraβi'ʎosa]
Ist das Handarbeit?	**¿Está hecho a mano?**	[es'ta 'etʃo a 'mano]
Ist das antik?	**¿Esto es antiguo?**	['esto es an'tigwo]
Ist das echt?	**¿Esto es auténtico?**	['esto es au'tentiko]
Könnte ich diese Kette anprobieren?	**¿Podría probarme este collar?**	[po'ðria pro'βarme 'este ko'ʎar]
Darf ich das Stück mal anfassen?	**¿Puedo tocar la pieza?**	['pweðo to'kar la 'pjeθa]
Können Sie mir das ... einmal genauer zeigen?	**¿Puede mostrarme esto de cerca...?**	['pweðe mos'trarme 'esto de 'θerka ...]
Was kostet dieses Souvenir?	**¿Cuánto cuesta este recuerdo?**	['kwanto 'kwesta 'este rre'kwerðo]

antik	**antiguo**	[an'tigwo]
Anhänger	**colgante** *m*	[kol'gante]
Armband	**pulsera** *f*	[pul'sera]
Armbanduhr	**reloj** *m* **de pulsera**	[rre'lox de pul'sera]
Bild	**cuadro** *m*	['kwaðro]
Brosche	**broche** *m*	['brotʃe]
echt	**auténtico**	[au'tentiko]
Figur	**figura** *f*	[fi'gura]
Fußkette	**pulsera** *f* **para el tobillo**	[pul'sera 'para el to'βiʎo]
Gold	**oro** *m*	['oro]
handgemacht	**hecho a mano**	['etʃo a 'mano]
Handkette	**pulsera** *f*	[pul'sera]
Hut	**sombrero** *m*	[som'brero]
Karat	**quilate** *m*	[ki'late]
Kerzenhalter	**candelabro** *m*	[kande'laβro]
Kette	**cadena** *f*	[ka'ðena]
Kristall	**cristal** *m*	[kris'tal]
Modeschmuck	**bisutería** *f*	[bisute'ria]
mundgeblasen	**soplado con la boca**	[so'plaðo kon la 'boka]
Ohrringe	**pendientes** *m pl*	[pen'djentes]
Perle	**perla** *f*	['perla]
Ring	**anillo** *m*	[a'niʎo]
Schmiedeeisen	**forja** *f* **de hierro**	['forxa de 'jerro]
Schmuck	**joya** *f*	['xoja]
Silber	**plata** *f*	['plata]
Statue	**estatua** *f*	[es'tatwa]
Vase	**florero** *m*	[flo'rero]
vergoldet	**dorado**	[do'raðo]
versilbert	**plateado**	[plate'aðo]

Wie oft findet der Wochenmarkt statt?	**¿Cuántas veces se hace el mercado semanal?**	[ˈkwantas ˈbeθes se ˈaθe el merˈkaðo semaˈnal]
Ich hätte gern ein Pfund ...	**Quiero medio kilo de...**	[ˈkjero ˈmeðjo ˈkilo de ...]
Danke, das ist alles.	**Eso es todo, gracias.**	[ˈeso es ˈtoðo ˈgraθjas]
Was verlangen Sie hierfür?	**¿Cuánto cuesta esto?**	[ˈkwanto ˈkwesta ˈesto]
alt	**viejo**	[ˈbjexo]
anbieten	**ofrecer**	[ofreˈθer]
antik	**antiguo**	[anˈtigwo]
Antiquitäten	**antigüedades** *f pl*	[antigweˈðaðes]
Basar	**bazar** *m*	[baˈθar]
billig	**barato**	[baˈrato]
Frischobst	**fruta** *f* **fresca**	[ˈfruta ˈfreska]
Gemüsestand	**puesto** *m* **de verdura**	[ˈpwesto de berˈðura]
handeln	**negociar**	[negoˈθjar]
Obststand	**puesto** *m* **de fruta**	[ˈpwesto de ˈfruta]
Souvenir	**recuerdo** *m*	[rreˈkwerðo]
Stand	**puesto** *m*	[ˈpwesto]
Trödel	**baratijas** *f pl*	[baraˈtixas]
Vase	**jarrón** *m*	[xaˈrron]
verkaufen	**vender**	[benˈder]

Ananas	**piña** *f*	[ˈpiɲa]
Apfel	**manzana** *f*	[manˈθana]
Apfelsine	**naranja** *f*	[naˈraŋxa]
Aprikose	**albaricoque** *m*	[alβariˈkoke]
Artischocken	**alcachofa** *f*	[alkaˈtʃofa]
Aubergine	**berenjena** *f*	[bereŋˈxena]
Banane	**plátano** *m*	[ˈplatano]
Beeren	**bayas** *f pl*	[ˈbajas]
Birne	**pera** *f*	[ˈpera]
Blaubeeren	**arándanos** *m pl*	[aˈrandanos]
Blumenkohl	**coliflor** *f*	[koliˈflor]
Bohnen	**judías** *f pl*	[xuˈðias]
Brombeeren	**zarzamoras** *f pl*	[θarθaˈmoras]
Champignons	**champiñones** *m pl*	[tʃampiˈɲones]
Chicorée	**endibia** *f*	[enˈdiβja]
Datteln	**dátiles** *m pl*	[ˈdatiles]
Erbsen	**guisantes** *m pl*	[giˈsantes]
Erdbeeren	**fresas** *f pl*	[ˈfresas]
Feige	**higo** *m*	[ˈigo]
Granatapfel	**granada** *f*	[graˈnaða]
Grapefruit	**pomelo** *m*	[poˈmelo]
Gurke	**pepino** *m*	[peˈpino]
Haselnüsse	**avellanas** *f pl*	[aβeˈʎanas]
Himbeeren	**frambuesas** *f pl*	[framˈbwesas]
Karotten	**zanahorias** *f pl*	[θanaˈorjas]
Kartoffeln	**patatas** *f pl*	[paˈtatas]
Kirschen	**cerezas** *f pl*	[θeˈreθas]
Kohl	**col** *f*	[kol]
Kohlrabi	**colinabo** *m*	[koliˈnaβo]
Lauch	**puerro** *m*	[ˈpwerro]

Linsen	**lentejas** *f pl*	[len'texas]
Mandarine	**mandarina** *f*	[manda'rina]
Melone	**melón** *m*	[me'lon]
Mirabellen	**ciruelas** *f pl* **amarillas**	[θi'rwelas ama'riʎas]
Nüsse	**nueces** *f pl*	['nweθes]
Orange	**naranja** *f*	[na'raŋxa]
Paprikaschoten	**pimientos** *m pl*	[pi'mjentos]
Pfirsich	**melocotón** *m*	[meloko'ton]
Pflaumen	**ciruelas** *f pl*	[θi'rwelas]
Pilze	**setas** *f pl*	['setas]
Radieschen	**rabanito** *m*	[rraβa'nito]
Salat	**ensalada** *f*	[ensa'laða]

i

Wochenmärkte werden in jeder Stadt und in jedem Dorf an einem bestimmten Wochentag auf einem öffentlichen Platz abgehalten. Dort werden – wie in einem Supermarkt – alle Waren von fliegenden Händlern angeboten, die man zum täglichen Leben braucht: Bekleidung, Nahrungsmittel und Haushaltswaren.

Schnittlauch	**cebollino** *m*	[θeβo'ʎino]
Sellerie	**apio** *m*	['apjo]
Spargel	**espárrago** *m*	[es'parrago]
Spinat	**espinaca** *f*	[espi'naka]
Tomaten	**tomates** *m pl*	[to'mates]
Walnüsse	**nueces** *f pl*	['nweθes]
Wassermelone	**sandía** *f*	[san'dia]
Weißkohl	**col** *f* **blanca**	[kol 'blaŋka]
Zwiebel	**cebolla** *f*	[θe'βoʎa]

UN CENTAVO
REVENUE
POSTAGE
SERVICE
PAKISTAN POSTAGE
URUGUAY
CONTRA EL HAMBRE
U.S. POSTAGE
NOTOPFER
BERLIN
1.75
SUOMI FINLAND
NEW ZEALAND
PAKISTAN
10 PAISA
POSTAGE
1.00
VIET-NAM CONG-HOA
CORREOS

Bank & Post

Wann öffnet/ schließt die Bank?	**¿Cuándo abre/ cierra el banco?**	[ˈkwando ˈaβre/ ˈθjerra el ˈbaŋko]
Wo ist der nächste Geldautomat?	**¿Dónde está el próximo cajero automático?**	[ˈdonde esˈta el ˈprogsimo kaˈxero autoˈmatiko]
Wo kann ich hier Geld wechseln?	**¿Dónde puedo cambiar dinero?**	[ˈdonde ˈpweðo kamˈbjar diˈnero]
Ich möchte ... Euro von meinem Konto abheben.	**Deseo retirar de mi cuenta... euros.**	[deˈseo rretiˈrar de mi ˈkwenta ... ˈewros]
Ich möchte dies auf mein Konto einzahlen.	**Deseo ingresar esto en mi cuenta.**	[deˈseo iŋgreˈsar ˈesto en mi ˈkwenta]
Haben Sie Ihren Ausweis dabei?	**¿Tiene su documento de identidad a mano?**	[ˈtjene su dokuˈmento de iðentiˈðað a ˈmano]
Unterschreiben Sie bitte hier.	**Por favor, firme aquí.**	[por faˈβor ˈfirme aˈki]
Ich habe meine Reiseschecks verloren. Was muss ich tun?	**He perdido mis cheques de viaje. ¿Qué tengo que hacer?**	[e perˈðiðo mis ˈtʃekes de ˈbjaxe/ ke ˈteŋgo ke aˈθer]

abheben	**retirar**	[rreti'rar]
auszahlen	**pagar**	[pa'gar]
Bankleitzahl	**clave** *f* **bancaria**	['klaβe baŋ'karja]
bar	**en efectivo**	[en efek'tiβo]
Bargeld	**dinero** *m* **en efectivo**	[di'nero en efek'tiβo]
Betrag	**importe** *m*	[im'porte]
einzahlen	**ingresar**	[iŋgre'sar]

Banken sind Mo bis Sa von 9 bis 14 Uhr geöffnet. Im Hochsommer sind Banken samstags geschlossen. Sie können aber auch jederzeit an den meisten Bankfilialen Geld an Geldautomaten abheben.

Euro	**euro** *m*	['euro]
Formular	**formulario** *m*	[formu'larjo]
Geld	**dinero** *m*	[di'nero]
Geldautomat	**cajero** *m* **automático**	[ka'xero auto'matiko]
Konto	**cuenta** *f*	['kwenta]
Kreditkarte	**tarjeta** *f* **de crédito**	[tar'xeta de 'kreðito]
Kurs	**curso** *m*	['kurso]
Schalter	**ventanilla** *f*	[benta'niʎa]
Scheck	**cheque** *m*	['tʃeke]
Überweisung	**transferencia** *f*	[transfe'renθja]
unterschreiben	**firmar**	[fir'mar]
Unterschrift	**firma** *f*	['firma]
Währung	**moneda** *f*	[mo'neða]

Wo ist das nächste Postamt?	**¿Dónde está la próxima oficina de correos?**	['donde es'ta la 'progsima ofi'θina de ko'rreos]
Wo ist der nächste Briefkasten?	**¿Dónde está el próximo buzón?**	['donde es'ta el 'progsimo bu'θon]
Was kostet ein Brief/ eine Postkarte nach Deutschland?	**¿Cuánto cuesta una carta/una tarjeta postal para Alemania?**	['kwanto 'kwesta 'una 'karta/'una tar'xeta pos'tal 'para ale'manja]
Wie lange braucht ein Brief nach ...?	**¿Cuánto tiempo tarda una carta en llegar a...?**	['kwanto 'tjempo 'tarða 'una 'karta en ʎe'gar a ...]
Ich möchte ein Einschreiben aufgeben.	**Deseo echar una carta certificada.**	[de'seo e'tʃar 'una 'karta θertifi'kaða]
Diesen Brief bitte per Luftpost/Express.	**Esta carta por avión/ por correo exprés, por favor.**	['esta 'karta por a'βjon/por ko'rreo es'pres por fa'βor]
Eine Telefonkarte zu ..., bitte.	**Una tarjeta de teléfono para..., por favor.**	['una tar'xeta de te'lefono para ... por fa'βor]

absenden	**enviar**	[en'βjar]
Absender	**remite** *m*	[rremi'te]
Adresse	**dirección** *f*	[direg'θjon]
Ansichtskarte	**tarjeta** *f* **postal**	[tar'xeta pos'tal]
aufgeben	**echar al correo**	[e'tʃar al ko'rreo]
ausfüllen	**rellenar**	[rreʎe'nar]
Bestimmungsort	**lugar** *m* **de destino**	[lu'gar de des'tino]
Brief	**carta** *f*	['karta]
Briefkasten	**buzón** *m*	[bu'θon]
Briefmarke	**sello** *m*	['seʎo]
Briefmarkenautomat	**máquina** *f* **de sellos**	['makina de 'seʎos]
Briefträger/in	**cartero/-a** *m/f*	[kar'tero/a]
Briefumschlag	**sobre** *m*	['soβre]
Drucksache	**impreso** *m*	[im'preso]
Eilbrief	**carta** *f* **urgente**	['karta ur'xente]
Einschreibebrief	**carta** *f* **certificada**	['karta θertifi'kaða]

Sie erkennen die Post in Spanien an einem gelbroten Posthorn mit einer Krone.

einzahlen	**ingresar**	[iŋgre'sar]
Empfänger	**destinatario** *m*	[destina'tarjo]
Empfangsbestätigung	**acuse** *m* **de recibo**	[a'kuse de re'θiβo]
Formular	**formulario** *m*/ **impreso** *m*	[formu'larjo/ im'preso]
frankieren	**franquear**	[fraŋke'ar]

Gebühr	**tasa** *f*	['tasa]
Gewicht	**peso** *m*	['peso]
Hauptpostamt	**central** *f* **de correos**	[θen'tral de ko'rreos]
Leerung	**recogida** *f*	[rreko'xiða]
Luftpost	**correo** *m* **por avión**	[ko'rreo por aβi'on]
Münztelefon	**teléfono** *m* **público de monedas**	[te'lefono 'puβliko de mo'neðas]
nachsenden	**reexpedir**	[rreespe'ðir]
Päckchen	**paquete** *m* **pequeño**	[pa'kete pe'keɲo]
Paket	**paquete** *m*	[pa'kete]
Porto	**franqueo** *m*	[fraŋ'keo]
Post	**correos** *m pl*	[ko'rreos]
Postamt	**oficina** *f* **de correos**	[ofi'θina de ko'rreos]
Postkarte	**tarjeta** *f* **postal**	[tar'xeta pos'tal]
Postleitzahl	**código** *m* **postal**	['koðigo pos'tal]
Schalter	**ventanilla** *f*	[benta'niʎa]
Schalteröffnungszeiten	**horario** *m* **de ventanilla**	[o'rarjo de benta'niʎa]
Telefax	**telefax** *m*	[tele'fags]
Telefon	**teléfono** *m*	[te'lefono]
Telegramm	**telegrama** *m*	[tele'grama]
unfrankiert	**sin franquear**	[sin fraŋke'ar]
Vordruck	**impreso** *m*	[im'preso]
Warteschlange	**cola** *f*	['kola]
Zollerklärung	**declaración** *f* **de aduana**	[deklara'θjon de a'ðwana]

Unterhaltung & Freizeit

Was läuft morgen Abend im Kino?	**¿Qué ponen mañana por la tarde en el cine?**	[ke 'ponen ma'ɲana por la 'tarðe en el 'θine]
Wo bekomme ich bitte das Kinoprogramm?	**Por favor, ¿dónde puedo conseguir la programación del cine?**	[por fa'βor 'donde 'pweðo konse'gir la programa'θjon del 'θine]
Wird in der Stadt ein Musical aufgeführt?	**¿Se representa en la ciudad un musical?**	[se rrepre'senta en la θju'ðað un musi'kal]
Können Sie mir ein gutes Theaterstück/ einen guten Film empfehlen?	**¿Puede recomendarme una obra de teatro buena/ una película buena?**	['pweðe rrekomen'darme 'una 'oβra de te'atro 'bwena/ 'una pe'likula 'bwena]
Wann beginnt die Vorstellung?	**¿Cuándo comienza la representación?**	['kwando ko'mjenθa la rrepresenta'θjon]
Wo kann ich die Karten kaufen?	**¿Dónde puedo comprar las entradas?**	['donde 'pweðo kom'prar las en'traðas]
Gibt es noch Karten für ...?	**¿Hay todavía entradas para...?**	[aj toða'βia en'traðas 'para ...]

Bitte zwei Karten für heute Abend.	**Dos entradas para esta tarde, por favor.**	[dos en'traðas 'para 'esta 'tarðe por fa'βor]
Bitte vier Karten in der ersten/zweiten/dritten/letzten Preis-kategorie.	**Cuatro entradas de primera/segunda/ tercera/ última categoría de precio.**	['kwatro en'traðas de pri'mera/ se'gunda/ter'θera/ 'ultima katego'ria de 'preθjo]
Zwei Erwachsene, ein Kind.	**Dos adultos, un niño.**	[dos a'ðultos un 'niɲo]
Wann ist die Vorstel-lung zu Ende?	**¿Cuándo termina la representación?**	['kwando ter'mina la rrepresen-ta'θjon]
Wo ist die Garderobe?	**¿Dónde está el guar-darropa?**	['donde es'ta el gwarða'rropa]
Gibt es eine Pause?	**¿Hay una pausa?**	[aj 'una 'pawsa]
Hat Ihnen der Film gefallen?	**¿Le ha gustado la película?**	[le a gus'taðo la pe'likula]
Das Stück/Konzert fand ich sehr gut.	**La obra/el concier-to me ha gustado mucho.**	[la 'oβra/el kon-'θjerto me a gus-'taðo 'mutʃo]

Akt	**acto** *m*	['akto]
Ballett	**ballet** *m*	[ba'let]
Bühne	**escenario** *m*	[esθe'narjo]
Chor	**coro** *m*	['koro]
Drama	**drama** *m*	['drama]
Eintrittskarte	**entrada** *f*	[en'traða]
Festival	**festival** *m*	[festi'βal]
Film	**película** *f*	[pe'likula]
Freilufttheater	**teatro** *m* **al aire libre**	[te'atro al 'aire 'liβre]
Garderobe	**guardarropa** *m*	[gwarða'rropa]
Hauptrolle	**papel** *m* **principal**	[pa'pel prinθi'pal]
Jazzkonzert	**concierto** *m* **de jazz**	[kon'θjerto de 'dʒas]
Kabarett	**cabaré** *m*	[kaβa're]
Kasse	**taquilla** *f*	[ta'kiʎa]
Kino	**cine** *m*	['θine]
Komödie	**comedia** *f*	[ko'meðja]
Komponist/in	**compositor/-a** *m/f*	[komposi'tor/a]
Konzert	**concierto** *m*	[kon'θjerto]
Loge	**palco** *m*	['palko]
Musical	**musical** *m*	[musi'kal]
Oper	**ópera** *f*	['opera]
Operette	**opereta** *f*	[ope'reta]
Opernglas	**prismáticos** *m pl* **para la ópera**	[pris'matikos 'para la 'opera]
Orchester	**orquesta** *f*	[or'kesta]
Parkett	**platea** *f*	[pla'tea]
Pause	**pausa** *f*	['pawsa]
Premiere	**estreno** *m*	[es'treno]

Programm	**programa** *m*	[pro'grama]
Programmheft	**programa** *m*	[pro'grama]
Rang	**palco** *m*	['palko]
Regie	**dirección** *f*	[direg'θjon]
Regisseur	**director** *m* **de cine/ teatro**	[direg'tor de 'θine/te'atro]
Rolle	**papel** *m*	[pa'pel]
Sänger/in	**cantante** *m/f*	[kan'tante]
Schauspiel	**espectáculo** *m*	[espek'takulo]
Schauspieler/in	**actor** *m*/**actriz** *f*	[ak'tor/ak'triθ]
Solist/in	**solista** *m/f*	[so'lista]
Spielplan	**programa** *m*	[pro'grama]

i

Wer vorhat, eine Flamencoshow zu besuchen, sollte in eine der „Tablaos" gehen, die es in jeder größeren Stadt gibt. Dies sind kleine Bars mit viel Atmosphäre. Auf einer kleinen Bühne treten junge Flamencotänzer und -tänzerinnen auf.

Tänzer/in	**bailarín/-a** *m/f*	[bajla'rin/a]
Theaterstück	**obra** *f* **de teatro**	['oβra de te'atro]
Tragödie	**tragedia** *f*	[tra'xeðja]
Untertitel	**subtítulo** *m*	[suβ'titulo]
Veranstaltungs-kalender	**calendario** *m* **de actos**	[kalen'ðarjo de 'aktos]
Vorstellung	**representación** *f*	[rrepresenta'θion]
Vorverkauf	**venta** *f* **anticipada**	['benta antiθi'paða]
Zirkus	**circo** *m*	['θirko]

Eintritt frei!	**¡Entrada libre!**	[en'traða 'lißre]
Was kostet der Eintritt/die Führung?	**¿Cuánto cuesta la entrada/la visita guiada?**	['kwanto 'kwesta la en'traða/la bi'sita 'giaða]
Gibt es einen Katalog zur Ausstellung?	**¿Hay un catálogo de la exposición?**	[aj un ka'talogo de la esposi'θjon]
Wann ist das Museum geöffnet?	**¿Cuándo abre el museo?**	['kwando 'aßre el mu'seo]
Wann beginnt die Führung?	**¿Cuándo empieza la visita guiada?**	['kwando em'pjeθa la bi'sita 'giaða]
Gibt es auch eine Führung auf Deutsch?	**¿Hay también una visita guiada en alemán?**	[aj tam'bjen 'una bi'sita 'giaða en ale'man]
Welche Sehenswürdigkeiten gibt es hier?	**¿Qué monumentos hay aquí?**	[ke monu'mentos aj a'ki]
Wir möchten ... besichtigen.	**Queremos visitar...**	[ke'remos bisi'tar ...]
Was für ein Platz/eine Kirche ist das?	**¿Qué plaza/iglesia es?**	[ke 'plaθa/i'glesja es]
Ist das ...?	**¿Es...?**	[es ...]

Wann wurde dieses Gebäude erbaut/restauriert?	**¿Cuándo fue construido/restaurado este edificio?**	['kwando fue konstru'iðo/rrestau'raðo 'este eði'fiθjo]
Aus welcher Epoche stammt dieses Bauwerk?	**¿De qué época es esta construcción?**	[de ke 'epoka es 'esta konstrug'θjon]
Gibt es in der Stadt noch andere Werke von diesem Architekten?	**¿Hay en la ciudad otras obras de este arquitecto?**	[aj en la θju'ðað 'otras 'oβras de 'este arki'tekto]
Wo sind die Funde ausgestellt?	**¿Dónde están expuestos los hallazgos?**	['donde es'tan es'pwestos los a'ʎaθgos]
Wer hat dieses Bild gemalt?	**¿Quién pintó este cuadro?**	['kjen pin'to 'este 'kwaðro]
Wer hat diese Plastik geschaffen?	**¿Quién hizo esta escultura?**	['kjen 'iθo 'esta eskul'tura]
Haben Sie das Bild als Poster/Postkarte?	**¿Tiene el cuadro en póster/postal?**	['tjene el 'kwaðro en 'poster/pos'tal]
Darf man hier fotografieren?	**¿Está permitido hacer fotos aquí?**	[es'ta permi'tiðo a'θer 'fotos a'ki]

Akt	**desnudo** *m*	[des'nuðo]
Altar	**altar** *m*	[al'tar]
antik	**antiguo**	[an'tigwo]
Antike	**antigüedad** *f*	[anti'gweðað]
Architektur	**arquitectura** *f*	[arkitek'tura]
Aquarell	**acuarela** *f*	[akwa'rela]
Ausstellung	**exposición** *f*	[esposi'θjon]
Barock	**Barroco** *m*	[ba'rroko]
Bild	**cuadro** *m*	['kwaðro]

Museen sind in Spanien montags meist geschlossen.

Bildhauer	**escultor** *m*	[eskul'tor]
Bronze	**bronce** *m*	['bronθe]
Büste	**busto** *m*	['busto]
Collage	**collage** *m*	[ko'laʃ]
Deckenmalerei	**pintura** *f* **cubierta**	[pin'tura ku'βjerta]
Denkmalschutz	**monumento** *m* **nacional**	[monu'mento naθjo'nal]
Design	**diseño** *m*	[di'seɲo]
Dynastie	**dinastía** *f*	[dinas'tia]
Einfluss	**influencia** *f*	[inflw'enθia]
Epoche	**época** *f*	['epoka]
Expressionismus	**Expresionismo** *m*	[espresjo'nismo]
Flügel	**ala** *m*	['ala]
Fotografie	**fotografía** *f*	[fotogra'fia]
Fremdenführer	**guía** *m* **turístico**	['gia tu'ristiko]

Fresko	**fresco** *m*	[ˈfresko]
Fries	**friso** *m*	[ˈfriso]
Führung	**visita** *f* **guiada**	[biˈsita giˈaða]
Funde	**hallazgos** *m pl*	[aˈʎaθgos]
Galerie	**galería** *f*	[galeˈria]
Gemälde	**cuadro** *m*	[ˈkwaðro]
Geschichte	**historia** *f*	[isˈtorja]
Gotik	**Gótico** *m*	[ˈgotiko]
Illustration	**ilustración** *f*	[ilustraˈθjon]
Impressionismus	**Impresionismo** *m*	[impresjoˈnismo]
Jugendstil	**Modernismo** *m*	[moðerˈnismo]
Klassizismus	**Clasicismo** *m*	[klasiˈθismo]
Kubismus	**Cubismo** *m*	[kuˈβismo]
Kunst	**arte** *m*	[ˈarte]
Material	**material** *m*	[mateˈrjal]
Modell	**modelo** *m*	[moˈðelo]
Ölmalerei	**pintura** *f* **al óleo**	[pinˈtura al ˈoleo]
Pastell	**pastel** *m*	[pasˈtel]
Plastik	**escultura** *f*	[eskulˈtura]
Porträt	**retrato** *m*	[rreˈtrato]
Realismus	**Realismo** *m*	[rreaˈlismo]
Renaissance	**Renacimiento** *m*	[rrenaθiˈmjento]
Romantik	**Romanticismo** *m*	[rromantiˈθismo]
Sehenswürdigkeiten	**monumentos** *m pl*	[monuˈmentos]
Skulptur	**escultura** *f*	[eskulˈtura]
Stil	**estilo** *m*	[esˈtilo]
Stillleben	**bodegón** *m*	[boðeˈgon]
Surrealismus	**Surrealismo** *m*	[surreaˈlismo]
Vase	**jarrón** *m*	[xaˈrron]
Wandmalerei	**pintura** *f* **mural**	[pinˈtura muˈral]

Gibt es auch geführte Touren?	**¿Hay también excursiones guiadas?**	[aj tam'bjen eskur'sjones gi'aðas]
Ich möchte ... besichtigen.	**Quiero visitar...**	['kjero bisi'tar ...]
Ich möchte eine Bergtour machen.	**Quiero hacer una excursión a la montaña.**	['kjero a'θer 'una eskur'sjon a la mon'taɲa]
Können Sie mir eine Tour empfehlen?	**¿Puede recomendarme una excursión?**	['pweðe rrekomen'darme 'una eskur'sjon]
Was kostet der Eintritt?	**¿Cuánto cuesta la entrada?**	['kwanto 'kwesta la en'traða]
Gibt es eine Ermäßigung für Studenten/Kinder/Behinderte?	**¿Hay un descuento para estudiantes/niños/minusválidos?**	[aj un des'kwento 'para estu'ðjantes/'niɲos/minus'βaliðos]
Für morgen bitte zwei Fahrkarten nach ...	**Para mañana dos billetes a..., por favor.**	['para ma'ɲana dos bi'ʎetes a ... por fa'βor]
Zwei Erwachsene, zwei Kinder, bitte.	**Dos adultos, dos niños, por favor.**	[dos a'ðultos dos 'niɲos por fa'βor]

Spricht der Fremdenführer Deutsch?	**¿Habla alemán el guía?**	[ˈaβla aleˈman el ˈgia]
Wo ist der Treffpunkt?	**¿Dónde es el punto de encuentro?**	[ˈdonde es el ˈpunto de eŋˈkwentro]
Wann geht es los?	**¿Cuándo salimos?**	[ˈkwando saˈlimos]
Besichtigen wir auch ...?	**¿Visitamos también...?**	[bisiˈtamos tamˈbjen ...]
Ist das Mittagessen inbegriffen?	**¿Está la comida incluida?**	[esˈta la koˈmiða iŋkluˈiða]
Wann sind wir zurück?	**¿Cuándo regresamos?**	[ˈkwando rregreˈsamos]
Wo bekomme ich die Karten?	**¿Dónde recojo las entradas?**	[ˈdonde rreˈkoxo las enˈtraðas]
Wann beginnt die Vorstellung?	**¿Cuándo comienza la representación?**	[ˈkwando koˈmjenθa la rrepresentaˈθjon]
Können Sie mir den Weg auf der Wanderkarte zeigen?	**¿Puede mostrarme el camino en el mapa de excursionista?**	[ˈpweðe mosˈtrarme el kaˈmino en el ˈmapa de eskursjoˈnista]

Wo befindet sich ...?	**¿Dónde está...?**	['donde es'ta ...]
Ist das der Weg nach ...?	**¿Es este el camino a...?**	[es 'este el ka'mino a ...]
Ist das etwas für Kinder?	**¿Esto es para niños?**	['esto es 'para 'niɲos]
Ist der Weg gut markiert?	**¿El camino está bien señalizado?**	[el ka'mino es'ta 'bjen seɲali'θaðo]
Welche Sehenswürdigkeiten gibt es hier?	**¿Qué monumentos hay aquí?**	[ke monu'mentos aj a'ki]
Hier lebte/wurde geboren/starb ...	**Aquí vivió/ nació/ murió...**	[a'ki bi'βjo/na'θjo/ mu'rjo ...]
Wann wurde ... gebaut?	**¿Cuándo fue construido...?**	['kwando fwe kons'truiðo ...]
Wer hat ... gebaut?	**¿Quién construyó...?**	['kjen konstru'jo ...]
Von wem stammt dieses Bild?	**¿De quién es este cuadro?**	[de 'kjen es 'este 'kwaðro]
Darf man hier fotografieren?	**¿Está permitido hacer fotos aquí?**	[es'ta permi'tiðo a'θer 'fotos a'ki]

Abfahrtszeit	**hora** *f* **de salida**	[ˈora de saˈliða]
Altstadt	**parte** *f* **antigua**	[ˈparte anˈtigwa]
ankommen	**llegar**	[ʎeˈgar]
Ausflug	**excursión** *f*	[eskurˈsjon]
Ausgrabung	**excavación** *f*	[eskaβaˈθjon]
Aussicht	**vista** *f*	[ˈbista]
Ausstellung	**exposición** *f*	[esposiˈθjon]
Bauernhof	**granja** *f*	[ˈgranxa]
Berg	**montaña** *f*	[monˈtaɲa]
besichtigen	**visitar**	[bisiˈtar]
Bootsfahrt	**viaje** *m* **en barco**	[ˈbjaxe en ˈbarko]
Botanischer Garten	**jardín** *m* **botánico**	[xarˈðin boˈtaniko]

> i
>
> *In Madrid befinden sich Botschaften der Bundesrepublik Deutschland, der Schweiz und auch Österreichs. In Sachen Visum oder bürokratischer Bestimmungen finden Sie hier mit Sicherheit Rat und kompetente Hilfe.*

Brücke	**puente** *m*	[ˈpwente]
Brunnen	**fuente** *f*	[ˈfwente]
Bucht	**bahía** *f*	[baˈia]
Burg	**castillo** *m*	[kasˈtiʎo]
Denkmal	**monumento** *m*	[monuˈmento]
Dorf	**pueblo** *m*	[ˈpweβlo]
Eisdiele	**heladería** *f*	[eladeˈria]
Epoche	**época** *f*	[ˈepoka]
Fluss	**río** *m*	[ˈrio]
fotografieren	**fotografiar**	[fotograˈfiar]

Fremdenführer	**guía** *m*	['gia]
Führung	**visita** *f* **guiada**	[bi'sita gi'aða]
Freibad	**piscina** *f* **al aire libre**	[pis'θina al 'aire 'liβre]
Freizeitpark	**parque** *m* **de atracciones**	['parke de atra'gθjon]
Galerie	**galería** *f*	[gale'ria]
genießen	**disfrutar**	[disfru'tar]
Gletscher	**glaciar** *m*	[gla'θjar]
Grünanlage	**zona** *f* **verde**	['θona 'berðe]
Hafen	**puerto** *m*	['pwerto]
Hinfahrt	**viaje** *m* **de ida**	['bjaxe de 'iða]
Höhle	**cueva** *f*	['kweβa]
Jahrhundert	**siglo** *m*	['siglo]
Kino	**cine** *m*	['θine]
Kirche	**iglesia** *f*	[i'glesja]
Konzert	**concierto** *m*	[kon'θjerto]
Landschaft	**paisaje** *m*	[paj'saxe]
laufen	**andar**	[an'dar]
Leuchtturm	**faro** *m*	['faro]
Maler	**pintor** *m*	[pin'tor]
Malerei	**pintura** *f*	[pin'tura]
Meer	**mar** *m*	[mar]
Minigolf	**minigolf** *m*	[mini'golf]
Museum	**museo** *m*	[mu'seo]
Nationalpark	**parque** *m* **nacional**	['parke naθjo'nal]
Naturschutzgebiet	**reserva** *f* **natural**	[rre'serβa natu'ral]
Oper	**ópera** *f*	['opera]
Opernhaus	**teatro** *m* **de la ópera**	[te'atro de la 'opera]

Palast	**palacio** *m*	[pa'laθjo]
Park	**parque** *m*	['parke]
Picknick	**picnic** *m*	['piknik]
Prospekt	**prospecto** *m*	[pros'pekto]
Rückfahrt	**viaje** *m* **de vuelta**	['bjaxe de 'bwelta]
Ruinen	**ruinas** *f pl*	['rrwinas]
Rundfahrt	**circuito** *m*/**vuelta** *f*	[θir'kwito/'bwelta]
Schloss	**castillo** *m*	[kas'tiʎo]
Schluchten	**barrancos** *m pl*	[ba'rraŋkos]
Schwimmbad	**piscina** *f*	[pis'θina]
See	**lago** *m*	['lago]
Segeltörn	**excursión** *f* **en barco de vela**	[eskur'sjon en 'barko de 'bela]
Stadtplan	**plano** *m* **de la ciudad**	['plano de la θju'ðað]
Stadtteil	**barrio** *m*	['barrjo]
Strand	**playa** *f*	['plaja]
Synagoge	**sinagoga** *f*	[sina'goga]
Tempel	**templo** *m*	['templo]
Theater	**teatro** *m*	[te'atro]
Treffpunkt	**punto** *m* **de reunión**	['punto de rrew'njon]
Turnier	**torneo** *m*	[tor'neo]
Universität	**universidad** *f*	[uniβersi'ðað]
Wasser	**agua** *f*	['agwa]
Wüste	**desierto** *m*	[de'sjerto]
Wanderung	**caminata** *f*/ **excursión** *f*	[kami'nata/ eskur'sjon]
Wasserfall	**catarata** *f*	[kata'rata]
Zoo	**zoo** *m*	[θo]

Welche Sportveranstaltung gibt es hier?	**¿Qué tipos de deporte se ofrecen aquí?**	[ke ˈtipo de deˈporte se oˈfreθen aˈki]
Was kostet der Eintritt?	**¿Cuánto cuesta la entrada?**	[ˈkwanto ˈkwesta la enˈtraða]
Welche Mannschaften spielen?	**¿Qué equipos juegan?**	[ke eˈkipos ˈxwegan]
Wie steht es?	**¿Cómo va?**	[ˈkomo ba]
Gibt es ein Freibad?	**¿Hay una piscina al aire libre?**	[aj ˈuna pisˈθina al ˈaire ˈliβre]
Kann ich hier in der Nähe angeln?	**¿Puedo pescar por aquí cerca?**	[ˈpweðo pesˈkar por aˈki ˈθerka]
Ich möchte ein Boot mieten.	**Quiero alquilar una lancha.**	[ˈkjero alkiˈlar ˈuna ˈlantʃa]
Gibt es hier einen Tennisplatz?	**¿Hay aquí una pista de tenis?**	[aj aˈki ˈuna ˈpista de ˈtenis]
Kann ich Schläger mieten?	**¿Puedo alquilar raquetas?**	[ˈpweðo alkiˈlar rraˈketas]
Wo geht es zum Strand?	**¿Cómo se va a la playa?**	[ˈkomo se ba a la ˈplaja]

Wo sind die Umkleidekabinen?	**¿Dónde están los vestuarios?**	['donde es'tan los bes'twarjos]
Was kostet ein Liegestuhl?	**¿Cuánto cuesta una hamaca?**	['kwanto 'kwesta 'una a'maka]
Kann man einen Sonnenschirm ausleihen?	**¿Se puede alquilar una sombrilla?**	[se 'pweðe alki'lar 'una som'briʎa]
Darf man hier baden?	**¿Está permitido bañarse aquí?**	[es'ta permi'tiðo ba'ɲarse a'ki]
Kann man am Strand Volleyball spielen?	**¿Se puede jugar al voleibol en la playa?**	[se 'pweðe xu'gar al bolej'βol en la 'plaja]
Wie weit darf man hinausschwimmen?	**¿Hasta dónde está permitido bañarse?**	['asta 'donde es'ta permi'tiðo ba'ɲarse]
Baden verboten!	**¡Prohibido bañarse!**	[proi'βiðo ba'ɲarse]
Achtung, Strömung!	**¡Cuidado, corriente!**	[kwi'ðaðo ko'rrjente]
Ist es für Kinder gefährlich?	**¿Es peligroso para los niños?**	[es peli'groso 'para los 'niɲos]

Anfänger	**principiante** *m*	[prinθiˈpjante]
Angel	**caña** *f*	[ˈkaɲa]
Angelhaken	**anzuelo** *m*	[anˈθwelo]
Angelschein	**licencia** *f* **de pesca**	[liˈθenθja de ˈpeska]
Badehose	**bañador** *m*	[baɲaˈðor]
Badekappe	**gorro** *m* **de baño**	[ˈgorro de ˈbaɲo]
Bademeister	**bañero** *m*	[baˈɲero]
Ball	**pelota** *f*/**balón** *m*	[peˈlota/baˈlon]
Bergschuhe	**botas** *f pl* **de montaña**	[ˈbotas de monˈtaɲa]
Bergsteigen	**alpinismo** *m*	[alpiˈnismo]
Bucht	**bahía** *f*	[baˈia]
Düne	**duna** *f*	[ˈduna]
Ergebnis	**resultado** *m*	[rresulˈtaðo]
Fahrrad	**bicicleta** *f*	[biθiˈkleta]
FKK-Strand	**playa** *f* **nudista**	[ˈplaja nuˈðista]
Fußballspiel	**partido** *m* **de fútbol**	[parˈtiðo de ˈfutβol]
Golfplatz	**campo** *m* **de golf**	[ˈkampo de golf]
Hai	**tiburón** *m*	[tiβuˈron]
Handtuch	**toalla** *f*	[toˈaʎa]
Jagdschein	**licencia** *f* **de caza**	[liˈθenθja de ˈcaθa]
Kanu	**canoa** *f*	[kaˈnoa]
Kartenspiel	**juego** *m* **de cartas**	[ˈxwego de ˈkartas]
klettern	**escalar**	[eskaˈlar]
Kurs	**curso** *m*	[ˈkurso]
Lebensgefahr	**peligro** *m* **de muerte**	[peˈligro de ˈmwerte]

Luftmatratze	**colchón** *m* **hinchable**	[kolˈtʃon inˈtʃaβle]
Lufttemperatur	**temperatura** *f* **del aire**	[temperaˈtura del ˈaire]
Mannschaft	**equipo** *m*	[eˈkipo]
mieten	**alquilar**	[alkiˈlar]
Motorboot	**lancha** *f* **motora**	[ˈlantʃa moˈtora]
Nichtschwimmer	**no nadador** *m*	[no naðaˈðor]
Pferd	**caballo** *m*	[kaˈβaʎo]
Privatstrand	**playa** *f* **privada**	[ˈplaja priˈβaða]
Rettungsring	**salvavidas** *m*	[salβaˈβiðas]
Ruderboot	**barco** *m* **de remos**	[ˈbarko de ˈremos]
Sandspielzeug	**juguetes** *m pl* **para jugar en la arena**	[xuˈgetes ˈpara xuˈgar en la aˈrena]
Sauna	**sauna** *f*	[ˈsawna]
Schiedsrichter	**árbitro** *m*	[ˈarβitro]
Schläger	**raqueta** *f*	[rraˈketa]
Schnorchel	**esnórquel** *m*	[esˈnorkel]
Schwimmflossen	**aletas** *f pl*	[aˈletas]
Schwimmflügel	**flotador** *m*	[flotaˈðor]
Segelboot	**velero** *m*	[beˈlero]
Shorts	**pantalones** *m pl* **cortos**	[pantaˈlones ˈkortos]
Sonnenbrille	**gafas** *f pl* **de sol**	[ˈgafas de sol]
Sonnencreme	**crema** *f* **solar**	[ˈkrema soˈlar]
Sport	**deporte** *m*	[deˈporte]
Stadion	**estadio** *m*	[esˈtaðjo]
Strand	**playa** *f*	[ˈplaja]
Strandcafé	**cafetería** *f* **en la playa**	[kafeteˈria en la ˈplaja]

Strandlaken	**toallas** *f pl* **de baño**	[to'aʎas de 'baɲo]
Strandschuhe	**zapatillas** *f pl* **playeras**	[θapa'tiʎas pla'jeras]
Strömung	**corriente** *f*	[ko'rrjente]
Sturmwarnung	**aviso** *m* **de tempestad**	[a'βiso de tempes'tað]
Surfbrett	**tabla** *f* **de surf**	['taβla de surf]
Taucherausrüstung	**equipo** *m* **de buceo**	[e'kipo de bu'θeo]
Umkleidekabine	**vestuarios** *m pl*	[bes'twarjos]
unentschieden	**empate**	[em'pate]
Wanderkarte	**mapa** *m* **de excursionista/senderismo**	['mapa de eskursjo'nista/sende'rismo]
wandern	**caminar/hacer senderismo**	[kami'nar/a'θer sende'rismo]
Wanderschuhe	**botas** *f pl* **de senderismo**	['botas de sende'rismo]
Wanderweg	**itinerario** *m*	[itine'rarjo]
Wasser	**agua** *f*	['agwa]
Wellen	**olas** *f pl*	['olas]
Wellenbad	**piscina** *f* **de olas**	[pis'θina de 'olas]
Ziel	**meta** *f*	['meta]

i

Spanien bietet seinen Touristen nicht nur Strand und Meer, sondern auch unberührte Natur. Auf zahlreichen Wanderwegen im Hinterland kann man die Landschaft genießen, einen Pilgerweg beschreiten oder auf den Spuren der spanischen Geschichte wandeln.

Abfahrtslauf	**descenso** *m*	[des'θenso]
angeln	**pescar**	[pes'kar]
bergsteigen	**escalar montañas**	[eska'lar mon'taɲas]
Biathlon	**biatlón** *m*	[biað'lon]
Bobfahren	**carrera** *f* **de bobs**	[ka'rrera de bobs]
Boxen	**boxeo** *m*	[bog'seo]
Eishockey	**hockey** *m* **sobre hielo**	['xokej 'soβre 'ielo]
eislaufen	**patinar sobre hielo**	[pati'nar 'soβre 'ielo]
Fahrrad fahren	**montar en bicicleta**	[mon'tar en biθi'kleta]
Fechten	**esgrima** *f*	[es'grima]
Formel Eins	**fórmula** *f* **uno**	['formula 'uno]
Fußball	**fútbol** *m*	['futβol]
Geräteturnen	**gimnasia** *f* **por aparatos**	[xim'nasja por apa'ratos]
Golf	**golf** *m*	[ɡolf]
Gymnastik	**gimnasia** *f*	[xim'nasja]
Handball	**balonmano** *m*	[balon'mano]
joggen	**correr**	[ko'rrer]
Judo	**judo** *m*	['juðo]
Karate	**karate** *m*	[ka'rate]
Kricket	**críquet** *m*	['kriket]
Krocket	**crocket** *m*	['kroket]
Langlauf	**esquí** *m* **de fondo**	[es'ki de 'fondo]
Leichtathletik	**atletismo** *m*	[atle'tismo]
Minigolf	**minigolf** *m*	[mini'golf]
Motorrad fahren	**montar en moto**	[mon'tar en 'moto]

Mountainbiking	**montar en bicicleta de montaña**	[mon'tar en biθi'kleta de mon'taɲa]

> *In Spanien kann man alle Sportarten betreiben: Vom Wintersport (in den Pyrenäen und der Sierra Nevada) bis zum Wassersport ist alles möglich. Natürlich liegt der Schwerpunkt bei den Sommersportarten. Windsurfer kommen besonders auf ihre Kosten an der südandalusischen Küste zwischen Tarifa und Cádiz. Dort bläst das ganze Jahr hindurch ein konstanter Wind.*

Paragliding	**parapente** *m*	[para'pente]
reiten	**montar a caballo**	[mon'tar a ka'βaʎo]
Ringkampf	**lucha** *f*	['lutʃa]
Rodeln	**ir en trineo**	[ir en tri'neo]
Rudern	**remo** *m*	[rre'mo]
Schach	**ajedrez** *m*	[axe'ðreθ]
Schwimmen	**natación** *f*	[nata'θjon]
Segeln	**navegación** *f* **a vela**	[naβega'θjon a 'bela]
Ski fahren	**esquiar**	[es'kiar]
Surfen	**hacer surf**	[a'θer surf]
Tennis	**tenis** *m*	['tenis]
Tischtennis	**tenis** *m* **de mesa**	['tenis de 'mesa]
Volleyball	**voleibol** *m*	[bolei'βol]
Wasserball	**waterpolo** *m*	[bater'polo]
Wasserski	**esquí** *m* **acuático**	[es'ki a'kwatiko]
Windsurfen	**windsurf** *m*	['windsurf]

Gesundheit & Notfälle

Wo ist bitte die nächste Apotheke?	**Por favor, ¿dónde está la farmacia más próxima?**	[por fa'βor 'donde es'ta la far'maθja mas 'progsima]
Können Sie mir bitte sagen, welche Apotheke heute Nachtdienst/Notdienst hat?	**¿Me podría decir qué farmacia está hoy de guardia?**	[me po'ðria de'θir ke far'maθja es'ta oj de 'gwarðja]
Ist diese Arznei rezeptpflichtig?	**¿Este medicamento necesita receta médica?**	['este meðika'mento neθe'sita rre'θeta 'meðika]
Wie viel kostet dieses Medikament?	**¿Cuánto cuesta este medicamento?**	['kwanto 'kwesta 'este meðika'mento]
Geben Sie mir bitte etwas gegen ...	**Me podría dar algo para..., por favor**	[me po'ðria dar 'algo 'para ... por fa'βor]
Ich brauche dieses Medikament, bitte.	**Necesito este medicamento, por favor.**	[neθe'sito 'este meðika'mento por fa'βor]
Können Sie mir ein Medikament gegen ... empfehlen?	**¿Me podría aconsejar un medicamento para...?**	[me po'ðria akonse'xar un meðika'mento 'para...]

Haben Sie auch ein pflanzliches Medikament?	**¿Tiene un medicamento natural?**	['tjene un meðika'mento natu'ral]
Können Sie mir bitte dieses Medikament besorgen?	**¿Me podría pedir este medicamento, por favor?**	[me po'ðria pe'ðir 'este meðika'mento por fa'βor]
Wann kann ich es abholen?	**¿Cuándo lo puedo pasar a buscar?**	['kwando lo 'pweðo pa'sar a bus'kar]
Welche Nebenwirkungen könnte das Medikament verursachen?	**¿Qué efectos secundarios tiene este medicamento?**	[ke e'fektos sekun'darjos 'tjene 'este meðika'mento]
Ist das Medikament zur innerlichen oder äußerlichen Anwendung?	**¿Este medicamento es de uso interno o externo?**	['este meðika'mento es de 'uso in'terno o es'terno]
Wie oft täglich muss ich es eigentlich nehmen?	**¿Cuántas veces al día lo tengo que tomar?**	['kwantas 'beθes al 'dia lo 'teŋgo ke to'mar]
Wie viel muss ich einnehmen?	**¿Cuánto tengo que tomar?**	['kwanto 'teŋgo ke to'mar]

Apotheke	**farmacia** *f*	[far'maθja]
apothekenpflichtig	**venta** *f* **sólo en farmacia**	['benta 'solo en far'maθja]
Apotheker	**farmacéutico** *m*	[farma'θewtiko]
ärztliche Anweisung	**receta** *f* **médica**	[rre'θeta 'meðika]
auf nüchternen Magen	**en ayunas**	[en a'ʎunas]
äußerlich	**externo**	[es'terno]
Bestellung	**pedido** *m*	[pe'ðiðo]
Binde	**venda** *f*	['benda]
dreimal täglich	**tres veces al día**	[tres 'beθes al 'dia]
Doktor	**doctor** *m*	[dok'tor]
Infekt	**infección** *f*	[imfeg'θjon]
innerlich	**interno**	[in'terno]
nach dem Essen	**después de comer**	[des'pwes de ko'mer]
Nachtapotheke	**farmacia** *f* **de guardia**	[far'maθja de 'gwarðja]
Nachtzuschlag	**ventanilla** *f*	[benta'niʎa]
Nebenwirkungen	**efectos** *m pl* **secundarios**	[e'fektos sekun'darjos]
Rezept	**receta** *f*	[rre'θeta]
rezeptpflichtig	**necesita receta médica**	[neθe'sita rre-'θeta 'meðika]
Risiken	**riesgos** *m pl*	['rriesgos]
Tropfen	**gotas** *f pl*	['gotas]
vor /nach dem Essen	**antes/después de comer**	['antes/des'pwes de ko'mer]

Abführmittel	**purgante** *m*	[pur'gante]
Antibiotikum	**antibiótico** *m*	[anti'bjotiko]
Aspirin	**aspirina** *f*	[aspi'rina]
Augentropfen	**gotas** *f pl* **para los ojos**	['gotas 'para los 'oxos]
Baldriantropfen	**gotas** *f pl* **de valeriana**	['gotas de bale'rjana]
Schmerzmittel	**analgésico** *m*	[anal'xesiko]
Brandsalbe	**pomada** *f* **para las quemaduras**	[po'maða 'para las kema'ðuras]
Desinfektionsmittel	**desinfectante** *m*	[desinfek'tante]
Elastikbinde	**venda** *f* **elástica**	['benda e'lastika]
fiebersenkendes Mittel	**medicamento** *m* **para bajar la fiebre**	[meðika'mento 'para ba'xar la 'fjeβre]
Halsschmerztabletten	**comprimidos** *m pl* **para el dolor de garganta**	[kompri'miðos 'para el do'lor de gar'ganta]
Heftpflaster	**tirita** *f*	[ti'rita]
Hustensaft	**jarabe** *m*	[xa'raβe]

i

In Spanien existieren neben den normalen Apotheken („farmacias") auch „parafarmacias", in denen Naturheilmittel und Pflegeprodukte verkauft werden dürfen.

Insektenmittel	**remedio** *m* **contra los insectos**	[rre'meðjo 'kontra los in'sektos]
Jodtinktur	**tintura** *f* **de yodo**	[tin'tura de 'ʎoðo]

Kohletabletten	**comprimidos** *m pl* **de carbón**	[kompri'miðos de kar'βon]
Kopfschmerztabletten	**comprimidos** *m pl* **para el dolor de cabeza**	[kompri'miðos 'para el do'lor de ka'βeθa]
Kreislaufmittel	**medicamento** *m* **para la circulación**	[meðika'mento 'para la θirkula'θjon]
Magentropfen	**gotas** *f pl* **para el estómago**	['gotas 'para el es'tomago]
Mullbinde	**venda** *f*	['benda]
Mundwasser	**colutorio** *m*	[kolu'torjo]
Nasentropfen	**gotas** *f pl* **para la nariz**	['gotas 'para la na'riθ]
Ohrentropfen	**gotas** *f pl* **para los oídos** *m pl*	['gotas 'para los 'oiðos]
Pillen	**comprimidos** *m pl*/ **pastillas** *f pl*	[kompri'miðos/ pas'tiʎas]
Salbe	**pomada** *f*	[po'maða]
Schlafmittel	**somnífero** *m*	[som'nifero]
Schmerztabletten	**antidolorífico** *m*	[antidolo'rifiko]
Lutschtabletten	**comprimidos** *m pl* **para chupar**	[kompri'miðos 'para tʃu'par]
Traubenzucker	**glucosa** *f*	[glu'kosa]
Vitamintabletten	**vitaminas** *f pl* **en comprimidos**	[bita'minas en kompri'miðos]
Watte	**algodón** *m*	[algo'ðon]
Wundsalbe	**ungüento** *m*	[uŋ'gwento]
Zäpfchen	**supositorios** *m pl*	[suposi'torjos]

Wann hat der Arzt Sprechstunde?	**¿Cuándo tiene hora de consulta el médico?**	[ˈkwando ˈtjene ˈora de konˈsulta el ˈmeðiko]
Ich hätte bitte gerne einen Termin.	**Quería pedir hora, por favor.**	[keˈria peˈðir ˈora por faˈβor]
Bei welcher Krankenkasse sind Sie versichert?	**¿Qué tipo de seguro tiene?**	[ke ˈtipo de seˈguro ˈtjene]
Wo tut es Ihnen weh?	**¿Dónde le duele?**	[ˈdonde le ˈdwele]
Öffnen Sie bitte den Mund!	**Abra la boca, por favor.**	[ˈaβra la ˈboka por faˈβor]
Atmen Sie tief durch!	**Respire hondo.**	[rresˈpire ˈondo]
Sind Sie gegen ... geimpft?	**¿Está usted vacunado contra...?**	[esˈta usˈteð bakuˈnaðo ˈkontra ...]
Es ist nichts Ernstes!	**¡No es nada grave!**	[no es ˈnaða ˈgraβe]
Hier tut es weh.	**Me duele aquí.**	[me ˈdwele aˈki]
Ich habe starke/ stechende Schmerzen.	**Tengo unos dolores muy fuertes/punzantes.**	[ˈteŋgo ˈunos doˈlores mwi ˈfwertes/punˈθantes]

Ich habe mich erkältet.	**Me he resfriado.**	[me e rres'frjaðo]
Ich bin gestochen/ gebissen worden.	**Me han picado/ mordido.**	[me an pi'kaðo/ mor'ðiðo]
Ich bin gestürzt.	**Me he caído.**	[me e ka'iðo]
Ich habe mir den Magen verdorben.	**Tengo una indiges-tión.**	['teŋgo 'una indixes'tjon]
Ich habe einen hohen Blutdruck.	**Tengo la tensión alta.**	['teŋgo la ten'sjon 'alta]
Ich bin gegen ... allergisch.	**Soy alérgico a...**	[soj a'lerxiko a ...]
Ich zahle privat.	**Soy un paciente privado.**	[soj un pa'θjente pri'βaðo]
Spricht hier jemand Deutsch?	**¿Alguien habla alemán?**	['algjen 'aβla ale'man]
Ich kann mich nicht bewegen.	**No me puedo mover.**	[no me 'pweðo mo'βer]
Ich möchte in Deutschland operiert werden.	**Quiero ser operado en Alemania.**	['kjero ser ope'raðo en ale'manja]

Könnten Sie bitte meine Familie benachrichtigen.	**Por favor, ¿podría avisar a mis familiares?**	[por fa'βor po'ðria aβi'sar a mis fami'ljares]
Ich nehme regelmäßig dieses Medikament.	**Tomo este medicamento con regularidad.**	['tomo 'este meðika'mento kon rregulari'ðað]
Ich vertrage diese Medikamente nicht.	**No tolero este medicamento.**	[no to'lero 'este meðika'mento]
Ich hatte gerade einen Unfall.	**Acabo de tener un accidente.**	[a'kaβo de te'ner un agθi'ðente]
Wie lautet die Diagnose?	**¿Cuál es el diagnóstico?**	['kwal es el djag'nostiko]
Wie lange muss ich hier bleiben?	**¿Cuánto tiempo me tengo que quedar aquí?**	['kwanto 'tjempo me 'teŋgo ke'ðar a'ki]
Sie werden am ... um ... operiert.	**Se le operará el… a las…**	[se le opera'ra el ... a las ...]
Helfen Sie mir bitte.	**Ayúdeme, por favor.**	[a'juðeme por fa'βor]
Wie sind hier die Besuchszeiten?	**¿Cuál es el horario de visitas?**	['kwal es el o'rarjo de bi'sitas]

Ader	**vena** *f*	['bena]
Arm	**brazo** *m*	['braθo]
Assistenzarzt	**médico** *m* **asistente**	['meðiko asis'tente]
Atmung	**respiración** *f*	[rrespira'θjon]
Aufnahme	**recepción** *f*	[rreθep'θjon]
Auge	**ojo** *m*	['oxo]
Bauch	**vientre** *m*	['bjentre]
Bein	**pierna** *f*	['pjerna]
Beruhigungsmittel	**calmante** *m*	[kal'mante]
Besuchszeit	**horario** *m* **de visita**	[o'rarjo de bi'sita]
Blutbild	**cuadro** *m* **hemático**	['kwaðro e'matiko]
Blutdruck	**presión** *f* **sanguínea**	[pre'sjon san'ginea]
Bluttransfusion	**transfusión** *f* **sanguínea**	[transfu'sjon saŋ'ginea]
Blut	**sangre** *f*	['saŋgre]
Brust	**pecho** *m*	['petʃo]
Chefarzt	**médico** *m* **jefe**	['meðiko 'xefe]
Chirurg	**cirujano** *m*	[θiru'xano]
Darm	**intestino** *m*	[intes'tino]
Ellbogen	**codo** *m*	['koðo]
entlassen	**dar de alta**	[dar de 'alta]
erste Hilfe	**primeros** *m pl* **auxilios**	[pri'meros aug'siljos]
Finger	**dedo** *m*	['deðo]
Fuß	**pie** *m*	[pie]
Gelenk	**articulación** *f*	[artikula'θjon]

Hals	**cuello** *m*	[ˈkweʎo]
Hand	**mano** *f*	[ˈmano]
Haut	**piel** *f*	[pjel]
Herz	**corazón** *m*	[koraˈθon]
Hüfte	**cadera** *f*	[kaˈðera]
Kinn	**barbilla** *f*	[barˈβiʎa]
Knie	**rodilla** *f*	[rroˈðiʎa]
Knochen	**huesos** *m pl*	[ˈwesos]
Kopf	**cabeza** *f*	[kaˈβeθa]
Krankenbett	**camilla** *f*	[kaˈmiʎa]
Krankenhaus	**hospital** *m*	[ospiˈtal]
Krankenschein	**certificado** *m* **médico**	[θertifiˈkaðo ˈmeðiko]
Krankenwagen	**ambulancia** *f*	[ambuˈlanθja]
Kreislauf	**circulación** *f*	[θirkulaˈθjon]
Körper	**cuerpo** *m*	[ˈkwerpo]
Magen	**estómago** *m*	[esˈtomago]
Mund	**boca** *f*	[ˈboka]
Muskel	**músculo** *m*	[ˈmuskulo]
Nachtschwester	**enfermera** *f* **de guardia**	[enferˈmera de ˈgwarðja]
Narkose	**narcóticos** *m pl*	[narˈkotikos]
Nase	**nariz** *f*	[naˈriθ]
Notaufnahme	**urgencias** *f pl*	[urˈxenθjas]
Oberschenkel	**muslo** *m*	[ˈmuslo]
Ohr	**oreja** *f*	[oˈrexa]
Operation	**operación** *f*	[operaˈθjon]
operieren	**operar**	[opeˈrar]
Operationssaal	**quirófano** *m*	[kiˈrofano]
Patient(in)	**paciente** *m/f*	[paˈθjente]

Röntgenaufnahme	**radiografía** *f*	[rraðjogra'fia]
Rücken	**espalda** *f*	[es'palda]
Sanitäter	**enfermero** *m*	[enfer'mero]
Schlafmittel	**somnífero** *m*	[som'nifero]
Schmerzmittel	**calmante** *m*	[kal'mante]
Schulter	**hombro** *m*	['ombro]
Schwester	**enfermera** *f*	[enfer'mera]
Sprechstunde	**(hora** *f* **de) consulta**	[('ora de) kon'sulta]
Spritze	**inyección** *f*	[injeg'θjon]
Spritze	**jeringa** *f*	[xe'riŋga]
Station	**servicio** *m*	[ser'βiθjo]
Stuhlgang	**defecación** *f*	[defeka'θjon]
Temperatur	**temperatura** *f*	[tempera'tura]
Termin	**hora** *f* **(de visita)**	['ora (de bi'sita)]
Therapie	**terapia** *f*	[te'rapja]
Unterschenkel	**pierna** *f*	['pjerna]
untersuchen	**examinar**	[egsami'nar]
Untersuchung	**examen** *m*	[eg'samen]
Urinprobe	**prueba** *f* **de orina**	['prweba de o'rina]
Urin	**orina** *f*	[o'rina]
Visite	**visita** *f*	[bi'sita]
Wartezimmer	**sala** *f* **de espera**	['sala de es'pera]
Zahn	**diente** *m*	['djente]
Zehen	**dedos** *m pl* **del pie**	['deðos del pje]
Zivildienstleistender	**objetor** *m* **de conciencia**	[oβxe'tor de kon'θjenθja]
Zunge	**lengua** *f*	['leŋgwa]

Asthma	**asma** *m*	['asma]
Diabetes	**diabetes** *f*	[dja'βetes]
Durchfall	**diarrea** *f*	[dja'rrea]
Fieber	**fiebre** *f*	['fjeβre]
Gelbsucht	**ictericia** *f*	[ikte'riθja]
Gelenkrheumatismus	**reúma** *m* **de las articulaciones**	['rrewma de las artikula'θjones]
Grippe	**gripe** *f*	['gripe]
Halsschmerzen	**dolor** *m* **de garganta**	[do'lor de gar'ganta]
Herzinfarkt	**infarto** *m*	[in'farto]
Husten	**tos** *f*	[tos]
Knochenbruch	**fractura** *f* **ósea**	[frak'tura 'osea]
Kolik	**cólico** *m*	['koliko]
Kopfschmerzen	**dolor** *m* **de cabeza**	[do'lor de ka'βeθa]
Kreislaufstörung	**problemas** *m pl* **circulatorios**	[pro'βlemas θirkula'torjos]
Lungenentzündung	**pulmonía** *f*	[pulmo'nia]
Magenschmerzen	**dolor** *m* **de estómago**	[do'lor de es'tomago]
Migräne	**jaqueca** *f*	[xa'keka]
Mittelohrentzündung	**otitis** *f* **media**	[o'titis 'meðja]
Schnupfen	**resfriado** *m*	[rres'fri'aðo]
Übelkeit	**náuseas** *f pl*	['nawseas]
Verdauungsstörung	**problemas** *m pl* **digestivos**	[pro'βlemas dixes'tiβos]
Vergiftung	**intoxicación** *f*/ **envenenamiento** *m*	[intogsika'θjon/ enβenena-'mjento]

Hilfe!	**¡Ayuda!**	[a'juða]
Polizei!	**¡Policía!**	[poli'θia]
Wo ist das nächste Polizeirevier?	**¿Dónde se encuentra la comisaría más cercana?**	['donde se en'kwentra la komisa'ria mas θer'kana]
Bitte rufen Sie schnell die Polizei!	**¡Llamen enseguida a la policía!**	['ʎamen ense'giða a la poli'θia]
Können Sie mir bitte helfen?	**¿Me podrían ayudar, por favor?**	[me po'ðrian aju'ðar por fa'βor]
Gibt es hier jemanden, der Deutsch spricht?	**¿Hay alguien que hable alemán?**	[aj 'algjen ke 'aβle ale'man]
Ich möchte einen Diebstahl/Verlust/Unfall melden.	**Quisiera denunciar un robo/una pérdida/un accidente.**	[ki'sjera denun'θjar un 'rroβo/'una 'perðiða/un agθi'ðente]
Mir ist ... gestohlen worden.	**Me han robado...**	[me 'an rro'βaðo ...]
Ich möchte ... anzeigen.	**Quisiera denunciar...**	[ki'sjera denun'θjar ...]

Mein Auto ist aufgebrochen worden.	**Me han abierto el coche.**	[me 'an a'βjerto el 'kotʃe]
Dieser Mann belästigt mich.	**Este señor me molesta.**	['este se'ɲor me mo'lesta]
Kann ich bitte telefonieren?	**¿Puedo llamar por teléfono?**	['pweðo ʎa'mar por te'lefono]
Können Sie mir bitte beim Ausfüllen dieses Formulars helfen?	**¿Me podría ayudar a rellenar este impreso?**	[me po'ðria aju'ðar a rreʎe'nar 'este im'preso]
Ich bin unschuldig.	**Soy inocente.**	[soj ino'θente]
Ich möchte mit einem Anwalt sprechen.	**Quisiera hablar con un abogado.**	[ki'sjera a'βlar kon un aβo'gaðo]
Ich möchte die deutsche Botschaft anrufen.	**Quisiera llamar al consulado alemán.**	[ki'sjera ʎa'mar al konsu'laðo ale'man]
Ich erkenne den Mann/die Frau wieder.	**Reconozco a este señor/esta señora.**	[rreko'noθko a 'este se'ɲor/'esta se'ɲora]
Ich habe mich an die Verkehrsregeln gehalten.	**He respetado la norma de circulación.**	[e rrespe'taðo la 'norma de θirkula'θjon]

Anzeige	**denuncia** *f*	[de'nunθja]
aufbrechen	**abrir**	[a'βrir]
Auto	**coche** *m*	['kotʃe]
Autoschlüssel	**llaves** *f pl* **del coche**	['ʎaβes del 'kotʃe]
belästigen	**molestar**	[moles'tar]
Belästigung	**molestia** *f*	[mo'lestja]
Dieb	**ladrón** *m*	[la'ðron]
Diebstahl	**robo** *m*	['rroβo]
Drogenhändler	**narcotraficante** *m*	[narkotrafi-'kante]
Einbrecher	**ladrón** *m*	[la'ðron]
Einbruch	**robo** *m*	['rroβo]
entführen	**secuestrar**	[sekwes'trar]
Fahrerflucht	**delito** *m* **de fuga**	[de'lito de 'fuga]
Formular	**impreso** *m*	[im'preso]
Gefängnis	**prisión** *f*	[pri'sjon]
Geld	**dinero** *m*	[di'nero]
Geldbörse	**monedero** *m*	[mone'ðero]
Gericht	**juzgado** *m*	[xuθ'gaðo]
gestohlen	**robado**	[rro'βaðo]
gewalttätig	**violento**	[bjo'lento]
Handtasche	**bolso** *m*	['bolso]
illegal	**ilegal**	[ile'gal]
Koffer	**maleta** *f*	[ma'leta]
Konsulat	**consulado** *m*	[konsu'laðo]
körperlich	**corporal**	[korpo'ral]
Kriminalpolizei	**policía** *f* **criminal**	[poli'θia krimi'nal]
Mord	**asesinato** *m*	[asesi'nato]
Opfer	**víctima** *f*	['biktima]

Papiere	**papeles** *m pl*/**documentos** *m pl*	[pa'peles/doku'mentos]
Personalausweis	**carné** *m* **de identidad (DNI)**	[kar'ne de iðenti'ðað]
Polizei	**policía** *f*	[poli'θia]
Polizist/in	**policía** *m/f*	[poli'θia]
physisch	**físico**	['fisiko]
Rechtsanwalt/-anwältin	**abogado/-a** *m/f*	[aβo'gaðo/a]
Reisepass	**pasaporte** *m*	[pasa'porte]
Schlüssel	**llave** *f*	['ʎaβe]
Tasche	**bolso** *m*	['bolso]
Taschendieb	**carterista** *m*	[karte'rista]
Überfall	**atraco** *m*	[a'trako]
überfallen	**atracar**	[atra'kar]
Unfall	**accidente** *m*	[agθi'ðente]
unschuldig	**inocente**	[ino'θente]

i

Es ist in Spanien nicht erlaubt, sich gegenseitig abzuschleppen. Diesen Dienst dürfen ausschließlich dafür spezialisierte Unternehmen anbieten.

Verbrechen	**crimen** *m*	['krimen]
Verbrecher	**criminal** *m*	[krimi'nal]
Vergewaltigung	**violación** *f*	[bjola'θjon]
verhaften	**detener**	[dete'ner]
Verhaftung	**detención** *f*	[deten'θjon]
Zeuge	**testigo** *m*	[tes'tigo]

Unfallort	**lugar** *m* **del accidente**	[lu'gar del agθi'ðente]
Kilometerstein (bei Unfällen außerorts)	**poste** *m* **kilométrico (para los accidentes fuera del lugar)**	['poste kilo-'metriko ('para los agθi'ðentes 'fwera del lu'gar)]
Unfallzeit	**hora** *f* **del accidente**	['ora del agθi'ðente]
Unfallbeteiligte	**afectados** *m pl* **por el accidente**	[afek'taðos por el agθi'ðente]
Fahrzeug	**vehículo** *m*	[be'ikulo]
Amtliches Kennzeichen	**matrícula** *f*	[ma'trikula]
Versicherung	**seguro** *m*	[se'guro]
Versicherungsnummer	**número** *m* **del seguro**	['numero del se'guro]
Fahrzeugschäden	**daños** *m pl* **al vehículo**	['daɲos al be'ikulo]
Fahrzeuginsassen	**ocupantes** *m pl* **del vehículo**	[oku'pantes del be'ikulo]
Zeugen	**testigos** *m pl*	[tes'tigos]
Aufnehmende Polizeidienststelle	**puesto** *m* **de policía que ha levantado acta**	['pwesto de poli'θia ke a leβan'taðo 'akta]
Ort	**lugar** *m*	[lu'gar]
Kurze Schilderung des Unfallverlaufs	**breve descripción** *f* **del desarrollo del accidente**	['breβe des-krip'θjon del desa'rroʎo del agθi'ðente]

Daten & Fakten

eins	**uno**	['uno]
zwei	**dos**	[dos]
drei	**tres**	[tres]
vier	**cuatro**	['kwatro]
fünf	**cinco**	['θiŋko]
sechs	**seis**	['sejs]
sieben	**siete**	['sjete]
acht	**ocho**	['otʃo]
neun	**nueve**	['nweβe]
zehn	**diez**	['djeθ]
elf	**once**	['onθe]
zwölf	**doce**	['doθe]
dreizehn	**trece**	['treθe]
vierzehn	**catorce**	[ka'torθe]
fünfzehn	**quince**	['kinθe]
sechzehn	**dieciséis**	[djeθi'sejs]
siebzehn	**diecisiete**	[djeθi'sjete]
achtzehn	**dieciocho**	[djeθi'otʃo]
neunzehn	**diecinueve**	[djeθi'nweβe]
zwanzig	**veinte**	['bejnte]
einundzwanzig	**veintiuno**	[bejnti'uno]
zweiundzwanzig	**veintidós**	[bejnti'dos]
dreiundzwanzig	**veintitrés**	[bejnti'tres]
vierundzwanzig	**veinticuatro**	[bejnti'kwatro]
fünfundzwanzig	**veinticinco**	[bejnti'θiŋko
sechsundzwanzig	**veintiséis**	[bejnti'sejs]
siebenundzwanzig	**veintisiete**	[bejnti'sjete]
achtundzwanzig	**ventiocho**	[bejnti'otʃo]
neunundzwanzig	**veintinueve**	[bejnti'nweβe]
dreißig	**treinta**	['trejnta]

vierzig	**cuarenta**	[kwa'renta]
fünfzig	**cincuenta**	[θiŋ'kwenta]
sechzig	**sesenta**	[se'senta]
siebzig	**setenta**	[se'tenta]
achtzig	**ochenta**	[o'tʃenta]
neunzig	**noventa**	[no'βenta]
einhundert	**cien**	[θjen]
zweihundert	**doscientos**	[dos'θjentos]
dreihundert	**trescientos**	[tres'θjentos]
vierhundert	**cuatrocientos**	[kwatro'θjentos]
fünfhundert	**quinientos**	[ki'njentos]
sechshundert	**seiscientos**	[sejs'θjentos]
siebenhundert	**setecientos**	[sete'θjentos]
achthundert	**ochocientos**	[otʃo'θjentos]
neunhundert	**novecientos**	[noβe'θjentos]
eintausend	**mil**	[mil]
einhunderttausend	**cien mil**	[θjen mil]
fünfhunderttausend	**quinientos mil**	[ki'njentos mil]
eine Million	**un millón**	[un mi'ʎon]
ein Halb	**medio**	['meðjo]
ein Viertel	**un cuarto**	[un 'kwarto]
ein Achtel	**un octavo**	[un ok'taβo]
Millimeter	**milímetro** *m*	[mi'limetro]
Zentimeter	**centímetro** *m*	[θen'timetro]
Meter	**metro** *m*	['metro]
Kilometer	**kilómetro** *m*	[ki'lometro]
Gramm	**gramo** *m*	['gramo]
Kilo	**kilo** *m*	['kilo]
Tonne	**tonelada** *f*	[tone'laða]
Liter	**litro** *m*	['litro]

Wie viel Uhr ist es?	**¿Qué hora es?**	[ke 'ora es]
ein Uhr	**la una**	[la 'una]
zwei Uhr	**las dos**	[las dos]
10 nach eins	**la una y diez**	[la 'una i 'djeθ]
Viertel nach eins	**la una y cuarto**	[la 'una i 'kwarto]
20 Minuten nach eins	**la una y veinte**	[la 'una i 'bejnte]
halb eins	**las doce y media**	[las 'doθe i 'meðja]
20 Minuten vor eins	**la una menos veinte**	[la 'una 'menos 'bejnte]
Viertel vor eins	**la una menos cuarto**	[la 'una 'menos 'kwarto]
12 Uhr mittags	**mediodía**	[meðjo'dia]
Mitternacht	**medianoche**	[meðja'notʃe]
erster	**primero**	[pri'mero]
zweiter	**segundo**	[se'gundo]
dritter	**tercero**	[ter'θero]
vierter	**cuarto**	['kwarto]
fünfter	**quinto**	['kinto]
sechster	**sexto**	['segsto]
siebter	**séptimo**	['septimo
achter	**octavo**	[ok'taβo]
neunter	**noveno**	[no'βeno]
zehnter	**décimo**	['deθimo]
elfter	**undécimo**	[un'deθimo]
zwölfter	**duodécimo**	[duo'ðeθimo]
dreizehnter	**decimotercero**	[deθimoter'θero]
vierzehnter	**decimocuarto**	[deθimo'kwarto]
fünfzehnter	**decimoquinto**	[deθimo'kinto]
sechzehnter	**decimosexto**	[deθimo'segsto]

siebzehnter	**decimoséptimo**	[deθimo'septimo]
achtzehnter	**decimooctavo**	[deθimok'taβo]
neunzehnter	**decimonoveno**	[deθimono'βeno]
zwanzigster	**vigésimo**	[bi'xesimo]
einundzwanzigster	**vigésimo primero**	[bi'xesimo pri'mero]
zweiundzwanzigster	**vigésimo segundo**	[bi'xesimo se'gundo]
Minute	**minuto** *m*	[mi'nuto]
Stunde	**hora** *f*	['ora]
Tag	**día** *m*	['dia]
Heute ist der 31. März 2013.	**Hoy es el 31 de marzo de 2013.**	[oi es el 'trejnta i uno de 'marθo de dos mil 'treθe]
Geboren am 14. Juli.	**Nacido/a el 14 de julio.**	[na'θiðo/a el ka'torθe de 'xuljo]
Nächste Woche, am 1. Mai.	**La semana que viene, el 1 de mayo.**	[la se'mana ke 'bjene el pri'mero de 'majo]
In der nächsten Woche haben wir den 22. Februar.	**La semana que viene estamos a 22 de febrero.**	[la se'mana ke 'bjene es'tamos a bejnti'ðos de fe'βrero]

Tage und Monate

Montag	**lunes**	['lunes]
Dienstag	**martes**	['martes]
Mittwoch	**miércoles**	['mjerkoles]
Donnerstag	**jueves**	['xweβes]
Freitag	**viernes**	['bjernes]
Samstag	**sábado**	['saβaðo]
Sonntag	**domingo**	[do'miŋgo]

Januar	**enero**	[e'nero]
Februar	**febrero**	[fe'βrero]
März	**marzo**	['marθo]
April	**abril**	[a'βril]
Mai	**mayo**	['majo]
Juni	**junio**	['xunjo]
Juli	**julio**	['xuljo]
August	**agosto**	[a'gosto]
September	**septiembre**	[sep'tjembre]
Oktober	**octubre**	[ok'tuβre]
November	**noviembre**	[no'βjembre]
Dezember	**diciembre**	[di'θjembre]

Frühling	**primavera** *f*	[prima'βera]
Sommer	**verano** *m*	[be'rano]
Herbst	**otoño** *m*	[o'toɲo]
Winter	**invierno** *m*	[in'bjerno]

stündlich	**cada hora**	['kaða 'ora]
täglich	**cada día**	['kaða 'dia]
wöchentlich	**cada semana**	['kaða se'mana]
monatlich	**cada mes**	['kaða mes]
jährlich	**cada año**	['kaða 'aɲo]

bewölkt	**nublado**	[nu'βlaðo]
Brise, leichte	**ligera** *f* **brisa**	[li'xera 'brisa]
eiskalt	**helado**	['elaðo]
erträglich	**soportable**	[sopor'taβle]
Föhn	**viento** *m* **föhn**	['bjento føːn]
Frost	**hielo** *m*	['jelo]
Gewitter	**tormenta** *f*	[tor'menta]
glatt	**helado**	[e'laðo]
Grad	**grados** *m pl*	['graðos]
heiß	**caluroso**	[kalu'roso]
Himmel, klarer	**cielos** *m pl* **despejados**	['θjelos despe'xaðos]
Hitze	**calor** *m*	[ka'lor]
kalt	**frío**	['frio]
Kälte	**frío** *m*	['frio]
lau	**tibio**	['tiβjo]
nasskalt	**frío** *m* **húmedo**	['frio 'umeðo]
neblig	**nebuloso**	[neβu'loso]
regnerisch	**lluvioso**	[ʎu'βjoso]
Schatten	**sombra** *f*	['sombra]
Schneesturm	**tormenta** *f* **de nieve**	[tor'menta de 'njeβe]
stürmisch	**tormentoso**	[tormen'toso]
Tau	**rocío** *m*	[rro'θio]
Unwetter	**temporal** *m*	[tempo'ral]
warm	**cálido**	['kaliðo]
wechselhaft	**inestable**	[ines'taβle]
windig	**ventoso**	[ben'toso]
Wind	**viento** *m*	['bjento]
windstill	**sin viento**	[sin 'bjento]

Wie wird das Wetter?	**¿Qué tiempo hará?**	[ke ˈtjempo aˈra]
Heute ist es sehr heiß!	**¡Hoy hace mucho calor!**	[oi ˈaθe ˈmutʃo kaˈlor]
Es ist zu heiß!	**¡Hace demasiado calor!**	[ˈaθe demaˈsjaðo kaˈlor]
Bleibt es so?	**¿Se va a quedar así?**	[se ba a keˈðar aˈsi]
Es soll bald regnen!	**¡Dentro de poco va a llover!**	[ˈdentro de ˈpoko ba a ʎoˈβer]
Es wird Sturm erwartet!	**¡Está prevista una tormenta!**	[esˈta preˈβista ˈuna torˈmenta]
Es soll neblig werden.	**Tendremos niebla.**	[tenˈdremos ˈnjeβla]
Es wird aufklaren.	**Despejará.**	[despexaˈra]

i

Spanien teilt sich in unterschiedlichste Klimazonen, sodass für jeden die passende Temperatur dabei sein sollte. Wer es frischer mag, sollte in die höheren Lagen fahren (z.B. Pyrenäen). Liebhaber wärmeren Klimas hingegen sind in den südlichen Küstenregionen besser aufgehoben.

Wörterbuch

A

abbiegen girar
Abbildung ilustración *f*
abbrechen interrumpir
Abend tarde *f*
Abendessen cena *f*
abfahren salir
Abfahrt salida *f*
Abfall basura *f*
Abflug salida *f*
Abflughalle terminal *f* de salidas
Abfluss salida *f*
Abführmittel laxante *m*
Abgabe entrega *f*
abgeben entregar
abhalten impedir
abholen recoger
Abitur selectividad *f*
Ablauf desarrollo *m*
ablaufen desarrollarse
ablegen deponer
ablehnen rechazar
abnehmen quitar
abrechnen pasar cuentas
Abrechnung liquidación *f*
Abreise partida *f*
abreisen partir
Absage negativa *f*
absagen suspender
Absatz párrafo *m*
abschaffen suprimir
Abschaffung supresión *f*
abschalten apagar
abschicken enviar
abschieben apartar
Abschiebung expulsión *f*
Abschied despedida *f*
Abschleppdienst servicio *m* de grúa
abschleppen remolcar
Abschleppwagen grúa *f*
abschließen terminar
abschneiden cortar
Abschnitt sección *f*
Absender remitente *m*
absetzen depositar
absichern asegurar
Absicherung protección *f*
Absicht intención *f*
Absprache acuerdo *m*
Abstand distancia *f*
abstellen dejar
Abstieg bajada *f*
abstimmen votar
Abstimmung votación *f*
Absturz caída *f*
abwarten esperar
Abwehr defensa *f*
Abwesenheit ausencia *f*
abwickeln realizar
Abwicklung realización *f*
abziehen quitar
Abzug copia *f*

Achtung cuidado *m*
addieren sumar
Ader vena *f*
Adresse dirección *f*
Agentur agencia *f*
ahnen presentir
Ahnung presentimiento *m*
Akademie academia *f*
Akt acto *m*
Akteur actor *m*
Aktion acción *f*
aktivieren activar
Akzent acento *m*
Akzeptanz aceptación *f*
akzeptieren aceptar
Alarm alarma *f*
Alkohol alcohol *m*
Allergie alergia *f*
Alltag vida *f* cotidiana
Alptraum pesadilla *f*
alt viejo
Alter edad *f*
Alternative alternativa *f*
Altstadt parte *f* antigua
Ambiente ambiente *m*
Amerikaner americano *m*
Ampel semáforo *m*
Amt oficina *f*
amüsieren divertirse
Analyse análisis *m*
analysieren analizar
Ananas piña *f*
Anbau cultivo *m*
anbieten ofrecer
Anblick vista *f*
Andenken recuerdo *m*
ändern cambiar
Anerkennung reconocimiento *m*
Anfall ataque *m*
Anfang comienzo *m*
Anfänger principiante *m*
anfordern pedir
Anforderung demanda *f*
Anfrage pregunta *f*
Angabe indicación *f*
angeben indicar
Angebot oferta *f*
angehen referirse a
Angelegenheit asunto *m*
angeln pescar
Angelsport pesca *f*
Angestellter empleado *m*
angreifen atacar
Angreifer agresor *m*
Angst miedo *m*
anhalten parar
ankommen llegar
Ankunft llegada *f*
Anlage disposición *f*
Anlasser arranque *m*
anlaufen hacer escala en
anlegen poner
Anliegen deseo *m*

annähen coser
annehmen aceptar
anordnen disponer
anpassen ajustar
anprobieren probarse
anregen animar
anreisen llegar
Anruf llamada *f*
anrufen llamar
Ansage presentación *f*
anschauen mirar
Anschein apariencia *f*
Anschlag choque *m*
anschließen unir
Anschluss conexión *f*
anschnallen sujetar
ansehen mirar
Ansicht vista *f*
Ansichtskarte postal *f*
Anstieg subida *f*
Anteil parte *f*
Anteilnahme interés *m*
Antibiotikum antibiótico *m*
Antike antigüedad *f*
Antiquititäten antigüedades *f pl*
Antwort respuesta *f*
antworten responder
Anwalt abogado *m*
anwenden emplear
Anwohner vecino *m*
Anzahl número *m*
Anzahlung pago *m*
Anzeichen señal *f*
Anzeige aviso *m*
Anzug traje *m*
Apartment apartamento *m*
Apfel manzana *f*
Apfelsine naranja *f*
Apotheke farmacia *f*
Appetit apetito *m*
Aprikose albaricoque *m*
arbeiten trabajar
Arbeiter trabajador *m*
Arbeitgeber patrono *m*
Arbeitnehmer empleado *m*
Arbeitszeit jornada *f* laboral
Architekt arquitecto *m*
Architektur arquitectura *f*
Arena plaza *f* de toros
Argument argumento *m*
anstiften provocar
arm pobre
Arm brazo *m*
Armbanduhr reloj *m* de pulsera
Ärmel manga *f*
Armut pobreza *f*
Art manera *f*
Artischocke alcachofa *f*
Arzneimittel medicamento *m*
Arzt médico *m*
Aschenbecher cenicero *m*
Aspirin aspirina *f*

Asyl asilo *m*
Atem aliento *m*
Atlantik atlántico *m*
atmen respirar
Attest certificado *m*
aufbewahren guardar
Aufenthalt estancia *f*
auffahren chocar
Auffahrunfall accidente *m* por alcance
aufführen representar
Aufführung representación *f*
Aufgabe tarea *f*
aufgeben echar al correo
aufhalten parar
aufhören terminar
auflösen deshacer
Aufnahme acogida *f*
Aufregung agitación *f*
Aufruf llamamiento *m*
aufrufen llamar
aufschreiben anotar
Aufschwung auge *m*
Aufsicht vigilancia *f*
auftauchen surgir
Auftritt escena *f*
Aufwand esfuerzo *m*
Aufzug ascensor *m*
Auge ojo *m*
Augenarzt oculista *m*
Augenblick momento *m*
August agosto *m*
ausbauen ampliar
Ausbildung formación *f*
Ausfahrt salida *f*
Ausflug excursión *f*
Ausfuhrzoll derecho *m* de exportación
ausfüllen rellenar
Ausgang salida *f*
Ausgangspunkt punto *m* de partida
ausgehen salir
Auskunft información *f*
Ausland extranjero *m*
ausleihen prestar
Ausreise salida *f*
ausschalten desconectar
aussetzen exponer
Aussicht panaroma *m*
aussprechen pronunciar
Ausstellung exposición *f*
aussteigen bajar
Austern ostras *f pl*
Ausweis carné *m* de identidad
auszahlen pagar
Auto coche *m*
Autobahn autopista *f*
Automobilklub club *m* automovilístico
Autoreisezug autotrén *m*
Autoschlüssel llaves *f pl* del coche

B

Baby bebé *m*
Bach arroyo *m*
Backbord babor *m*
Bäcker panadero *m*
Bäckerei panadería *f*
Bad baño *m*
Badeanzug traje *m* de baño
Badehose bañador *m*
Badekappe gorro *m* de baño
Bademantel albornoz *m*
Bademeister bañero *m*
baden bañarse
Badeschuhe zapatillas *f pl* de baño
Badezimmer cuarto *m* de baño
Bahn ferrocarril *m*
Bahnhof estación *f*
Bahnsteig andén *m*
Bakterien bacterias *f pl*
Balkon balcón *m*
Ball pelota *f*
Banane plátano *m*
Band cinta *f*
Bank banco *m*
Bankkonto cuenta *f* del banco
Bargeld dinero *m* en efectivo
Batterie batería *f*
Bau construcción *f*
Bauarbeiten obras *f pl*
Bauch vientre *m*
bauen construir
Bauer campesino *m*
Baum árbol *m*
Baumwolle algodón *m*
Baustelle obras *f pl*
beachten observar
Beamter funcionario *m*
Beanstandung reclamación *f*
beantragen pedir
beantworten responder
Bedarf necesidades *f pl*
bedauern sentir
Bedauern sentimiento *m*
bedienen servir
Bedienung camarero/a *m/f*
Bedingung condición *f*
Bedrohung amenaza *f*
beeindruckt impresionado
befassen ocuparse de
Befehl orden *f*
befinden encontrarse
begegnen encontrar
sich begeistern für entusiasmarse por
beginnen comenzar
begleiten acompañar
Begleiter acompañante *m*
Begleitung acompañamiento *m*
behalten guardar
behandeln tratar
Behandlung tratamiento *m*

behaupten afirmar
beherrschen dominar
behindert minusválido
Behörde autoridad *f*
beibehalten mantener
Bein pierna *f*
Beispiel ejemplo *m*
beißen morder
Beitrag contribución *f*
beitragen contribuir
Bekannter conocido *m*
Bekanntgabe publicación *f*
beklagen lamentar
bekommen recibir
Belastung carga *f*
Beleg justificante *m*
belegen reservar
Belohnung recompensa *f*
Bemerkung observación *f*
benachrichtigen informar
benehmen comportarse
benutzen utilizar
Benzin gasolina *f*
Benzinkanister bidón *m* de gasolina
beobachten observar
beraten aconsejar
Berechnung cálculo *m*
Berg montaña *f*
Bergsteigen alpinismo *m*
Bericht informe *m*
berichten informar
Beruf profesión *f*
Beruhigungsmittel calmante *m*
berühren tocar
beschädigen dañar
Bescheid respuesta *f*
beschließen decidir
Beschreibung descripción *f*
sich beschweren quejarse
besichtigen visitar
Besichtigung visita *f*
Besitzer dueño *m*
Besteck cubiertos *m pl*
bestehen sostener
bestellen pedir
Bestellung pedido *m*
bestimmen decidir
bestreiten negar
Besuch visita *f*
besuchen visitar
Besucher visitante *m*
Besuchszeit horas *f pl* de visita
Betäubung anestesia *f*
betonen acentuar
Betrag importe *m*
betreiben practicar
Betrug estafa *f*
betrunken borracho
Bett cama *f*
Bettdecke manta *f*
Bettwäsche ropa *f* de cama
beurteilen juzgar
bewahren guardar

bewegen mover
Bewegung movimiento *m*
Beweis prueba *f*
beweisen demostrar
Bewohner habitante *m*
bezahlen pagar
Bezahlung pago *m*
beziehen ocupar
Beziehung relación *f*
Bezirk distrito *m*
Bibel biblia *f*
Bibliothek biblioteca *f*
Bier cerveza *f*
bieten ofrecer
Bild cuadro *m*
Bildung formación *f*
billig barato
Binde venda *f*
Bindfaden cordel *m*
Birne pera *f*
bitten pedir
Blatt hoja *f*
blau azul
Blaubeeren arándanos *m pl*
bleiben quedarse
Bleistift lápiz *m*
Blick vista *f*
blicken mirar
Blinddarm intestino *m*
Blinker intermitente *m*
Blitz rayo *m*
blitzen brillar
Blume flor *f*
Blumenkohl coliflor *f*
Blumenstrauß ramo *m* de flores
Bluse blusa *f*
Blut sangre *f*
Blutdruck tensión *f* arterial
Bohne judía *f*
Bonbons caramelos *m pl*
Boot barca *f*
Bootsfahrt paseo *m* en barca
Botschaft embajada *f*
Botschafter embajador *m*
Braten asado *m*
Brand incendio *m*
brauchen necesitar
Bremse freno *m*
bremsen frenar
Brief carta *f*
Briefkasten buzón *m*
Briefmarke sello *m*
Briefträger cartero *m*
Briefumschlag sobre *m*
Brille gafas *f pl*
Brillenetui funda *f*
bringen traer
Brombeeren zarzamoras *f pl*
Bronchitis bronquitis *f*
Brot pan *m*
Brötchen panecillo *m*
Bruder hermano *m*
Brunnen fuente *f*
Brust pecho *m*

Brustkorb tórax *m*
Buch libro *m*
buchen reservar
Büchsenöffner abrelatas *m*
Buchstabe letra *f*
buchstabieren deletrear
Buchung reserva *f*
bügeln planchar
Bühne escenario *m*
Bundesrepublik Deutschland República *f* Federal de Alemania
Bungalow bungalow *m*
Burg castillo *m*
Bürgersteig acera *f*
Büro oficina *f*
Bus autobús *m*
Bushaltestelle parada *f*
Büstenhalter sujetador *m*
Butter mantequilla *f*

C

Café café *m*
Camping camping *m*
Campingausweis carné *m* de camping
Campingplatz terreno *m* de camping
Campingwagen caravana *f*
Chance posibilidad *f*
Chaos caos *m*
Charakter carácter *m*
Charme encanto *m*
Chartermaschine avión *m* chárter
chartern fletar
Chef jefe *m*
Chefarzt médico *m* jefe
Chemie química *f*
Chicoree endibia *f*
Chirurg cirujano *m*
Christentum cristianismo *m*
Christus Cristo *m*
Club club *m*
Computer ordenador *m*
Cousin primo *m*
Cousine prima *f*

D

Dach techo *m*
Dame dama *f*
Damenbinde compresa *f*
Damentoilette servicio *m* de señoras
danken agradecer
Darm intestino *m*
darstellen representar
Darstellung representación *f*
Datei archivo *m*
Datteln dátiles *m pl*
Datum fecha *f*
Dauer duración *f*
dauern durar
Daumen pulgar *m*

dazugehören formar parte de
Debatte debate *m*
Decke manta *f*
Demokratie democracia *f*
Demonstration manifestación *f*
Denkmal monumento *m*
Deodorant desodorante *m*
Desinfektionsmittel desinfectante *m*
Deutschland Alemania *f*
Dezember diciembre *m*
Dia diapositiva *f*
Diabetiker diabético *m*
Diagnose diagnóstico *m*
Diät dieta *f*
Diätkost comida *f* de dieta
Dichter poeta *m*
Differenz diferencia *f*
Ding cosa *f*
Diplomat diplomático *m*
direkt directo
Diskothek discoteca *f*
diskutieren discutir
Doktor doctor *m*
Dolmetscher intérprete *m*
Donner trueno *m*
Donnerstag jueves *m*
Doppelzimmer habitación *f* doble
Dorf pueblo *m*
Dose lata *f*
Draht alambre *m*
Drama drama *m*
drehen rodar
Dritte Welt tercer *m* mundo
Drogerie droguería *f*
drohen amenazar
Drohung amenaza *f*
drücken apretar
dunkel oscuro
dünn delgado
Durchfahrt paso *m*
Durchfall diarrea *f*
Durchgang paso *m*
dürfen permitir
Durst sed *f*
Dusche ducha *f*
Dutzend docena *f*

E

Ecke esquina *f*
Ehe matrimonio *m*
Ehefrau mujer *f*
Ehemann marido *m*
Ehepaar matrimonio *m*
Ei huevo *m*
eifersüchtig celoso
Eigenschaft cualidad *f*
Eilbrief carta *f* urgente
Eimer cubo *m*
Einbahnstraße calle *f* de dirección única
Einbrecher ladrón *m*

einfach simple
Einfahrt entrada *f*
Eingang entrada *f*
Einheit unidad *f*
einkaufen comprar
Einkaufszentrum centro *m* comercial
einladen invitar
Einladung invitación *f*
Einnahme toma *f*
einpacken empaquetar
Einreise entrada *f*
Einreisevisum visado *m*
Einrichtung institución *f*
Einsamkeit soledad *f*
einschalten conectar
einschlafen dormirse
einsparen ahorrar
einsteigen subir
Eintrag inscripción *f*
eintreten entrar
Eintritt entrada *f*
Einzelhandel comercio *m* al por menor
Einzelzimmer habitación *f* individual
Eis helado *m*
Eisbecher copa *f* de helado
Eisdiele heladería *f*
Eisenbahn ferrocarril *m*
Elektriker electricista *m*
Elektronik electrónica *f*
Ellbogen codo *m*
Eltern padres *m pl*
Emotion emoción *f*
Empfang recepción *f*
Empfänger destinatario *m*
empfehlen recomendar
Ende fin *m*
enden finalizar
Endstation terminal *f*
Energie energía *f*
Enkel nieto *m*
Enkelin nieta *f*
Entdeckung descubrimiento *m*
Ente pato *m*
entfernen quitar
Entfernung distancia *f*
entlassen despedir
entscheiden decidir
Entscheidung decisión *f*
entschuldigen disculparse
Entschuldigung disculpa *f*
Entsetzen horror *m*
Entspannung relajación *f*
entsprechen corresponder a
entstehen nacer
Entwicklung desarrollo *m*
entziehen retirar
Entzündung inflamación *f*
erarbeiten elaborar
Erdbeben terremoto *m*
Erdbeere fresa *f*
Erde Tierra *f*

Erdgeschoss planta *f* baja
Erdnuss cacahuete *m*
erfahren saber
Erfahrung experiencia *f*
Erfindung descubrimiento *m*
Erfolg éxito *m*
ergeben dar por resultado
Ergebnis resultado *m*
ergriffen conmovido
erinnern recordar
erkennen reconocer
Erkrankung enfermedad *f*
erleben vivir
Ermäßigung rebaja *f*
erreichen conseguir
Ersatzteil repuesto *m*
erscheinen aparecer
erstellen crear
erste Hilfe primeros auxilios *m pl*
Erwachsener adulto *m*
erwähnen mencionar
erwarten esperar
Erwartung espera *f*
erweitern extender
Erweiterung extensión *f*
Erwerb adquisición *f*
erwerben adquirir
erzeugen producir
erzielen obtener
essen comer
Essen comida *f*
Essig vinagre *m*
Etage piso *m*
Euro euro *m*
Europa Europa *f*
Existenz existencia *f*
Experiment experimento *m*
Experte experto *f*
Explosion explosión *f*

F

Fabrik fábrica *f*
Fach casilla *f*
Facharzt especialista *m*
Fachleute profesionales *m pl*
Fahrbahn calzada *f*
Fähre ferry *m*
fahren conducir
Fahrer conductor *m*
Fahrkarte billete *m*
Fahrplan horario *m*
Fahrrad bicicleta *f*
Fahrstuhl ascensor *m*
Fahrt viaje *m*
Fahrzeug vehículo *m*
Fall caída *f*
Falle trampa *f*
fallen caer
Familie familia *f*
Familienname apellido *m*
Familienstand estado civil *m*
fangen coger
Farbe color *m*
Fassung versión *f*

Februar febrero *m*
fehlen hacer falta
Fehler error *m*
Feier fiesta *f*
feiern celebrar
Feiertag día festivo *m*
Feige higo *m*
Feld campo *m*
Fels roca *f*
Fenster ventana *f*
Ferien vacaciones *f pl*
Ferne lejanía *f*
Ferngespräch conferencia *f*
Fernseher televisión *f*
Ferse talón *m*
Fest fiesta *f*
Festival festival *m*
feststellen comprobar
Feststellung comprobación *f*
Fett grasa *f*
Feuer fuego *m*
Feuerlöscher extintor *m*
Feuerwehr bomberos *m pl*
Feuerzeug encendedor *m*
Fieber fiebre *f*
Figur figura *f*
Film película *f*
Finanzen finanzas *f pl*
finden encontrar
Finger dedo *m*
Firma empresa *f*
Fisch pez/pescado *m*
Flagge bandera *f*
Flasche botella *f*
Flaschenöffner abridor *m*
Fleck mancha *f*
Fleisch carne *f*
fliegen volar
Fliege mosca *f*
Flug vuelo *m*
Fluggesellschaft compañía *f* aérea
Flughafen aeropuerto *m*
Flugplan horario *m* de vuelos
Flugzeug avión *m*
Fluss río *m*
Flut marea *f*
Folge serie/consecuencia *f*
folgen seguir
Föhn secador *m*
fordern pedir
Form forma *f*
Forschung investigación *f*
Fortsetzung continuación *f*
Foto foto *f*
Fotoapparat máquina *f* fotográfica
fotografieren fotografiar
Frage pregunta *f*
fragen preguntar
frankieren franquear
Frau mujer *f*
Frauenarzt ginecólogo *m*
frei libre

Freibad piscina al aire libre *f*
Freiheit libertad *f*
freimachen franquear
Freizeit tiempo *m* libre
Fremdenführer guía *m*
freuen alegrarse
Freund amigo *m*
Freundin amiga *f*
Freundschaft amistad *f*
Frieden paz *f*
Friedhof cementerio *m*
frieren tener frío
Friseur peluquero *m*
Frisur peinado *m*
Frost helada *f*
Fruchtsaft zumo *m*
Frühling primavera *f*
Frühstück desayuno *m*
frühstücken desayunar
fühlen sentir
führen guiar
Führerschein permiso *m* de conducir
Fundbüro oficina *f* de objetos perdidos
Funk radio *f*
funktionieren funcionar
Fuß pie *m*
Fußball fútbol *m*
Fußgänger peatón *m*
Fußgängerübergang paso *m* de peatones

G

Gabel tenedor *m*
Gang pasillo *m*
Gans ganso *m*
Garage garaje *m*
Garantie garantía *f*
garantieren garantizar
Garderobe guardarropa *m*
Garnele gamba *f*
Garten jardín *m*
Gas gas *m*
Gast invitado *m*
Gastgeber anfitrión *m*
Gebäude edificio *m*
geben dar
Gebiet región *f*
Gebirge sierra *f*
Gebot orden *f*
Gebrauch uso *m*
Gebühr tasa *f*
Geburtsort lugar *m* de nacimiento
Geburtstag cumpleaños *m*
Gedanke pensamiento *m*
Gedicht poesía *f*
Geduld paciencia *f*
Gefahr peligro *m*
Geflügel aves *f pl*
Gegend región *f*
Gegensatz contraste *m*
Gegenteil contrario *m*
Gegenwart presente *m*

Gegner rival *m*
Geheimnis secreto *m*
gehen ir
Gehirnerschütterung conmoción *f* cerebral
gehören pertenecer
Geist espíritu *m*
gelb amarillo
Geld dinero *m*
Geldschein billete *m*
Geldwechsel cambio *m*
Gelegenheit ocasión *f*
Gelenk articulación *f*
Geliebte/r amante *f/m*
gelten valer
Gemeinde municipio *m*
Gemeinschaft comunidad *f*
Gemüse verdura *f*
Genehmigung autorización *f*
genießen disfrutar
genügen bastar
Gepäck equipaje *m*
Gepäckaufbewahrung consigna *f*
Gepäckträger mozo *m*
gesalzen salado
Geschäft negocio *m*
Geschäftsreise viaje *m* de negocios
geschehen pasar
Geschenk regalo *m*
Geschichte historia *f*
Geschlecht sexo *m*
geschlossen cerrado
Geschwindigkeit velocidad *f*
Gesetz ley *f*
Gesicht cara *f*
Gespräch conversación *f*
Gestalt forma *f*
gestalten formar
Geste detalle *m*
Gesundheit salud *f*
Getränk bebida *f*
Getreide cereales *m pl*
Gewalt poder *m*
Gewicht peso *m*
Gewinn ganancia *f*
Gewissen conciencia *f*
Gewitter tormenta *f*
Gewürz especia *f*
gießen echar
Gift veneno *m*
Glas cristal *m*
Glaube creencia *f*
glauben creer
Gleis vía *f*
Globus globo *m*
Glück suerte *f*
Glückwunsch felicitación *f*
Glühbirne bombilla *f*
Golf golf *m*
Gott Dios
Gottesdienst misa *f*
Gramm gramo *m*

Grapefruit pomelo *m*
gratulieren felicitar
greifen coger
Grenze frontera *f*
groß grande
Größe tamaño *m*
Großmutter abuela *f*
Großvater abuelo *m*
grün verde
Grund motivo *m*
Gruppe grupo *m*
Gruß saludo *m*
grüßen saludar
Gurke pepino *m*
Gürtel cinturón *m*
Gymnasium instituto *m*

H

Haarbürste cepillo *m* para el pelo
Haare pelo *m*
Haarfarbe color *m* de pelo
Haarfestiger fijador *m*
Haarklammer pinza *f* para el pelo
Haarshampoo champú *m*
Haartrockner secador *m*
haben tener
Hafen puerto *m*
Hafenstadt ciudad *f* portuaria
Hagel granizo *m*
Hahn gallo *m*
Halbpension media pensión *f*
Hälfte mitad *f*
Hallenbad piscina *f* cubierta
halten retener
Haltestelle parada *f*
Halteverbot prohibición *f* de parar
Hammer martillo *m*
Hand mano *f*
Handbremse freno *m* de mano
Handel comercio *m*
handeln negociar
Handgepäck equipaje *m* de mano
Handlung acción *f*
Handschuh guante *m*
Handtasche bolso *m* de mano
Handtuch toalla *f*
Handy móvil *m*
Hängematte hamaca *f*
hart duro
Haselnuss avellana *f*
Haufen montón *m*
Hauptbahnhof estación *f*
Hauptsache principal *m*
Hauptstadt capital *f*
Hauptstraße calle *f* principal
Haus casa *f*
Hausfrau ama *f* de casa
Hausnummer número *m* de casa
Hausschlüssel llaves *f pl*

Haustür puerta *f*
Hebamme matrona *f*
Heilquelle fuente *f* de salud
Heim hogar *m*
Heimat patria *f*
Heimatstadt ciudad *f* natal
heiraten casarse
heißen llamarse
Heizung calefacción *f*
Held héroe *m*
helfen ayudar
Helfer ayudante *m*
hell claro
Herausforderung reto *m*
Herbst otoño *m*
Herd cocina *f*
Herr señor *m*
Herrentoilette servicio *m* de caballeros
Hersteller productor *m*
Herstellung producción *f*
Herz corazón *m*
Hilfe ayuda *f*
Himbeere frambuesa *f*
Himmel cielo *m*
hinter detrás de
Hintergrund fondo *m*
hinterlassen dejan
hinterlegen depositar
Hinweis indicación *f*
Hitze calor *m*
Hobby hobby *m*
hoch alto
Hochzeit boda *f*
Hof patio *m*
hoffen esperar
hoffentlich ojalá
Höhe altura *f*
Höhle cueva *f*
holen ir a buscar
Holz madera *f*
Honig miel *f*
hören escuchar
Hose pantalón *m*
Hotel hotel *m*
Hotelhalle hall *m*
Hubschrauber helicóptero *m*
Hummer bogavante *m*
Humor humor *m*
Hund perro *m*
Hunger hambre *m*
Hupe bocina *f*
Hut sombrero *m*

I

Idee idea *f*
identifizieren identificar
Illusion ilusión *f*
Illustrierte revista *f*
Immobilien bienes *m pl* inmobiliares
impfen vacunar
Impfpass carné *m* de vacunación
Impfung vacuna *f*

Import importación *f*
Information información *f*
Informationsschalter ventanilla *f* de información
informieren informar
Inhaber titular *m*
Inhalt contenido *m*
Injektion inyección *f*
Inland territorio *m* nacional
Innenkabine cabina *f* interior
Innenstadt centro *m* urbano
Insekten insectos *m pl*
Insektenmittel insecticida *m*
Insel isla *f*
Institut instituto *m*
Intelligenz inteligencia *f*
Interesse interés *m*
interessieren interesarse por
international internacional
Internist internista *m*
Interview entrevista *f*
Irrtum equivocación *f*

J

Jacht yate *m*
Jacke chaqueta *f*
Jackett chaqueta *f*
Jagd caza *f*
Jagdschein licencia *f* de caza
Jahre años *m pl*
Jahresbeginn comienzo *m* del año
Jahresende final *m* de año
Jahrestag día *m* del año
Jahreszeit estación *f*
Jahrgang año *m*
Jahrhundert siglo *m*
Jahrtausend milenio *m*
Jahrzehnt década *f*
Januar enero *m*
Johannisbeeren grosellas *f pl*
Journalist periodista *m/f*
Jugend juventud *f*
Jugendherberge albergue *m*
Juli julio *m*
Junge joven *m*
Juni junio *m*
Juwelier joyero *m*

K

Kabine cabina *f*
Kaffee café *m*
Kaffeekanne cafetera *f*
Kakao cacao *m*
Kalbfleisch ternera *f*
Kalender calendario *m*
kalt frío
Kamin chimenea *f*
Kampf lucha *f*
Kanal canal *m*
Kanne jarra *f*
Kappelle capilla *f*
kaputt roto

Karotte zanahoria *f*
Karriere carrera *f*
Karte tarjeta *f*
Kartoffel patata *f*
Karton cartón *m*
Käse queso *m*
Kasse caja *f*
Katalog catálogo *m*
kaufen comprar
Keks galleta *f*
Keller sótano *m*
Kellner/in camarero *m*/-a *f*
kennen conocer
Kenntnisse conocimiento *m*
Kerze vela *f*
Kette cadena *f*
Kilo kilo *m*
Kilometer kilómetro *m*
Kind niño *m*
Kinderarzt pediatra *m*
Kinderbett cuna *f*
Kindergärtnerin educadora *f*
Kinn barbilla *f*
Kino cine *m*
Kirche iglesia *f*
Kirsche cerezas *f pl*
Klasse clase *f*
Kleid vestido *m*
Kleiderbügel percha *f*
Kleingeld dinero *m* suelto
klein pequeño
Klima clima *m*
Klimaanlage aire *m* acondicionado
Klinik clínica *f*
klopfen llamar
Kneipe local *m*
Knie rodilla *f*
Knoblauch ajo *m*
Knochen hueso *m*
Knopf botón *m*
Koch cocinero *m*
kochen cocinar
koffeinfrei descafeinado
Koffer maleta *f*
Kofferraum maletero *m*
Kokosnuss coco *m*
kommen venir
Kompass compás *m*
können poder
Kondom condón *m*
Kontaktlinsen lentillas *f pl*
Konzert concierto *m*
Kopf cabeza *f*
Kopfkissen almohada *f*
Kopfschmerzen dolor *m* de cabeza
Kopfsalat lechuga *f*
Kopie copia *f*
Korkenzieher sacacorchos *m*
Körper cuerpo *m*
Kosten gastos *m pl*
Krach ruido *m*
Kraft fuerza *f*

Krankenhaus hospital *m*
Krankenschwester enfermera *f*
Krankenwagen ambulancia *f*
Krankheit enfermedad *f*
Kräuter hierbas *f pl*
Krawatte corbata *f*
Kreditkarte tarjeta *f* de crédito
Kreis círculo *m*
Kreislauf circulación *f*
Kreisverkehr rotonda *f*
Kreuzfahrt crucero *m*
Kreuzung cruce *m*
Küche cocina *f*
Kuchen pastel *m*
Kugelschreiber bolígrafo *m*
Kühlschrank nevera *f*
Kur cura *f*
Kurs curso *m*
kurz corto
Kuss beso *m*
küssen besar
Küste costa *f*

L

Lächeln sonrisa *f*
lachen reír
laden cargar
Laden tienda *f*
Lamm cordero *m*
Land país *m*
Landkarte mapa *m*
Landschaft paisaje *m*
lang largo
langsam lento
lassen dejar
laufen correr
laut alto
leben vivir
Leben vida *f*
Lebensmittel comida *f*
Leder piel *f*
legen poner
Lehrer profesor *m*
Leid sentimiento *m*
leihen prestar
Leihgebühr alquiler *m*
Leine cuerda *f*
leise bajo
Lenkrad volante *m*
Leute gente *f*
Licht luz *f*
Lichtschalter interruptor *m*
Liebe amor *m*
Lied canción *f*
liegen estar echado
Liegestuhl tumbona *f*
lila de color lila
links a la izquierda
Lippe labio *m*
Liter litro *m*
Locken rizos *m pl*
Löffel cuchara *f*

Lokomotive locomotora *f*
Luft aire *m*
Luftkrankheit mareo *m*
Luftmatratze colchón *m* hinchable
Luftpost correo *m* aéreo
lügen mentir
Lunge pulmón *m*
Lust ganas *f pl*

M

machen hacer
Mädchen chica *f*
Magen estómago *m*
Mai mayo *m*
Mais maíz *m*
Maler pintor *m*
Mandarine mandarina *f*
Mann hombre *m*
Mantel abrigo *m*
Margarine margarina *f*
Markt mercado *m*
Marmelade mermelada *f*
März marzo *m*
Material material *m*
Medikament medicamento *m*
Meer mar *m*
Meile milla *f*
meinen opinar
Meinung opinión *f*
sich melden presentarse
Melone melón *m*
Mensch persona *f*
Menstruation menstruación *f*
merken notar
messen medir
Messer cuchillo *m*
Meter metro *m*
Metzger carnicero *m*
Miete alquiler *m*
mieten alquilar
Milch leche *f*
Minute minuto *m*
mischen mezclar
missverstehen no entenderse
mit con
Mitglied socio *m*
mitmachen participar
Mittagessen comida *f*
Mitte medio *m*
Mittwoch miércoles *m*
Möbel mueble *m*
mögen gustar
Möglichkeit posibilidad *f*
Moment momento *m*
Monat mes *m*
Mond luna *f*
Morgen mañana *f*
Motor motor *m*
Motorboot lancha *f* motora
Motorrad moto *f*
Motorschaden avería *f* del motor
Mücke mosquito *m*

Mühe esfuerzo *m*
Müll basura *f*
Mülleimer cubo *m* de basura
Mülltonne contenedor *m* de basura
Mund boca *f*
Münze moneda *f*
Museum museo *m*
Musical musical *m*
Musik música *f*
Musiker músico *m*
müssen tener que
Mut valor *m*
Mutter madre *f*
Muttersprache lengua *f* materna

N

Nachbar vecino *m*
Nachbarschaft vecindad *f*
nachholen recuperar
Nachmittag mediodía *m*
Nachname apellido *m*
Nachricht noticia *f*
nachschlagen consultar
nachsehen examinar
nachsenden reexpedir
Nacht noche *f*
Nachtclub club *m* nocturno
Nachtdienst servicio *m* nocturno
Nachteil desventaja *f*
Nadel aguja *f*
Nagel uña *f*
nah cercano
Nähe proximidad *f*
Nahrungsmittel alimento *m*
Nahverkehr tráfico *m* a corta distancia
Name nombre *m*
Nase nariz *f*
Nation nación *f*
Nationalität nacionalidad *f*
Nationalpark parque *m* nacional
Natur naturaleza *f*
Naturschutz protección *f* de la naturaleza
Naturschutzgebiet reserva *f* natural
Nebel niebla *f*
Nebenkosten gastos *m pl*
Nebenwirkung efecto *m* secundario
Neffe sobrino *m*
Neigung tendencia *f*
nennen llamar
Nerv nervio *m*
Netz red *f*
neu nuevo
Neugier curiosidad *f*
Nichte sobrina *f*
Nichtraucher no fumador
Nichtraucherabteil zona *f* de no fumadores

Niere riñón *m*
Niveau nivel *m*
Norden norte *m*
Not emergencia *f*
Notausgang salida *f* de emergencia
Notbremse freno *m* de emergencia
Notfall urgencia *f*
notieren anotar
Notwehr legítima *f* defensa
November noviembre
Nudel pastas *f pl*
Nummer número *m*
Nummernschild matrícula *f*
Nuss nuez *f*
nützen servir

O

Oberfläche superficie *f*
Obst fruta *f*
Obstgeschäft frutería *f*
Obstsaft zumo *m*
offen abierto
Öffnungszeiten horarios *m pl* de apertura
ohne sin
Ohr oreja *f*
Ohrring pendiente *m*
Oktober octubre *m*
Öl aceite *m*
Olive aceituna *f*
Olivenöl aceite *m* de oliva
Omnibus autobús *m*
Onkel tío *m*
Oper ópera *f*
Operation operación *f*
operieren operar
Opfer víctima *f*
Optiker óptico *m*
Orange naranja *f*
Orchester orquesta *f*
ordnen ordenar
Ordnung orden *m*
Organ órgano *m*
Organisation organización *f*
organisieren organizar
orientieren orientarse
Orientierung orientación *f*
Original original *m*
Ort lugar *m*
Ortsgespräch conferencia *f* urbana
Osten Este *m*
Ostern Pascua *f*

P

Paar pareja *f*
packen empaquetar
Packung caja *f*
Paket paquete *m*
Panik pánico *m*
Panne avería *f*
Papier papel *m*

Papiere documentación *f*
Papiertaschentuch pañuelo *m* de papel
Paprika pimiento *m*
Parfümerie perfumería *f*
Park parque *m*
parken aparcar
Parkgebühr tarifa *f* de parking
Parkhaus parking *m*
Parkplatz aparcamiento *m*
Parkschein ticket *m* de aparcamiento
Parkverbot prohibición *f* de estacionamiento
Partner socio *m*
Party fiesta *f*
Pass pasaporte *m*
Passagier pasajero *m*
Passagierschiff buque *m* de pasajeros
Passanten transeúntes *m pl*
passen pasar, (Kleidung) sentar, ir, caer
Passkontrolle control *m* de pasaporte
Pastor pastor *m*
Patient paciente *m*
Pauschalpreis precio *m* global
Pause pausa *f*
Pech mala suerte *f*
Pension pensión *f*
Person persona *f*
Personal personal *m*
Personalien datos *m pl* personales
Petersilie perejil *m*
Pfarrer párroco *m*
Pfeffer pimienta *f*
Pfeife pipa *f*
Pferd caballo *m*
Pfingsten Pentecostés *m*
Pfirsich melocotón *m*
Pflanze planta *f*
Pflaster tirita *f*
Pflaume ciruela *f*
Pflege cuidado *m*
pflegen cuidar
Pflicht deber *m*
Pförtner portero *m*
Pfund medio kilo *m*
Physik física *f*
Pianist pianista *m/f*
Picknick picnic *m*
Pille píldora *f*
Pilot piloto *m/f*
Pilze setas *f pl*
Pinsel pincel *m*
Pkw coche *m*
Plakat cartel *m*
Plakette placa *f*
Plan plan *m*
Planet planeta *m*
Plastik plástico *m*

Plastikbeutel bolsa *f* de plástico
Platte placa *f*
Plattform plataforma *f*
Platz lugar *m*
Platzkarte reserva *f* de asiento
Politiker político *m*
Polizei policía *f*
Polizeirevier comisaría *f*
Polizeiwagen coche *m* de policía
Polizist policía *m*
Pommes frites patatas *f pl* fritas
Portemonnaie monedero *m*
Portier portero *m*
Portion porción *f*
Porto franqueo *m*
Position posición *f*
Post correos *m pl*
Postamt oficina *f* de correos
Postkarte tarjeta *f* postal
Praxis consultorio *m*
Preis precio *m*
Preiserhöhung aumento *m* de precios
Preisermäßigung reducción *f* de precios
Presse prensa *f*
Prinzip principio *m*
privat privado
Privatstrand playa *f* privada
Privatzimmer habitación *f* privada
Probe prueba *f*
Problem problema *m*
Produkt producto *m*
Professor profesor *m*
Prognose pronóstico *m*
Programm programa *m*
Projekt proyecto *m*
Prospekt prospecto *m*
Prothese prótesis *f*
Protest protesta *f*
Protokoll acta *m*
Provision comisión *f*
Prozent por ciento *m*
prüfen examinar
Publikum público *m*
Pullover jersey *m*
Punkt punto *m*
Pünktlichkeit puntualidad *f*
Pute pavo *m*
putzen limpiar
Putzmittel limpiador *m*

Q

Quadrat cuadrado *m*
Qualität calidad *f*
Qualle medusa *f*
Qualm humareda *f*
Quarantäne cuarentena *f*
Quartal trimestre *m*
Quartier alojamiento *m*

Quelle fuente *f*
quietschen chillar
Quittung recibo *m*

R

Rad rueda *f*
Radfahrer ciclista *m*
Radio radio *f*
Rahmen marco *m*
Rang rango *m*
Rasen césped *m*
Rasierapparat afeitadora *f*
rasieren afeitar
Rasierklinge hoja *f* de afeitar
Rasierkreme crema *f* de afeitar
Rasierpinsel brocha *f* de afeitar
Rat consejo *m*
raten aconsejar
Rathaus ayuntamiento *m*
Rätsel adivinanza *f*
Ratte rata *f*
Rauch humo *m*
rauchen fumar
Raucher fumador *m*
Raum habitación *f*
reagieren reaccionar
Reaktion reacción *f*
realisieren realizar
rechnen calcular
Rechnung cuenta *f*
Recht derecho *m*
Rechte derechos *m pl*
rechtfertigen justificar
rechtlich legal
rechts a la derecha
Rechtsanwalt abogado *m*
rechtzeitig a tiempo
Rede discurso *m*
reden hablar
reduzieren reducir
Regel regla *f*
Regen lluvia *f*
Regenmantel impermeable *m*
Regenschirm paraguas *m*
regnen llover
regieren gobernar
Regierung gobierno *m*
Region región *f*
reich rico
Reichtum riqueza *f*
Reichweite alcance *m*
Reifen neumático *m*
Reihe fila *f*
Reihenfolge orden *m*
reinigen limpiar
Reinigung limpieza *f*
Reis arroz *m*
Reise viaje *m*
Reisebüro agencia *f* de viajes
Reisebus autobús *m* de viajes
Reiseführer guía *m*
Reiseleiter guía *m* turístico
Reisepass pasaporte *m*
Reißverschluss cremallera *f*

reiten montar a caballo
Reiter jinete *m*
Reiz excitación *f*
Religion religión *f*
Rentner pensionista *m*
reparieren reparar
Reparaturwerkstatt taller *m* de reparaciones
reservieren reservar
Reservierung reserva *f*
Respekt respeto *m*
Restaurant restaurante *m*
Resultat resultado *m*
retten salvar
Rettung rescate *m*
Rezept receta *f*
Rezeption recepción *f*
riechen oler
Rindfleisch carne *f* de vaca
Ring anillo *m*
Risiko riesgo *m*
Rock falda *f*
Roman novela *f*
rot rojo
rücken mover
Rückfahrkarte billete *m* de ida y vuelta
Rückseite parte *f* posterior
Ruf llamada *f*
rufen llamar
Rufnummer número *m* de teléfono
Ruhe tranquilidad *f*
ruhen descansar
Rundfahrt vuelta *f*
rutschen resbalar

S

Saal sala *f*
Sache cosa *f*
Saft zumo *m*
sagen decir
Saison temporada *f*
Saisonzuschlag recargo *m* de temporada
Salat ensalada *f*
Salz sal *f*
Sand arena *f*
Sandstrand playa *f* de arena
Sarg ataúd *m*
sauber limpio
Sauna sauna *f*
schaden dañar
Schaf oveja *f*
schälen pelar
Schalter taquilla *f*
Scheck cheque *m*
Scheibe rodaja *f*
Schein billete *m*
Schere tijeras *f pl*
schießen disparar
schicken enviar
schlafen dormir
Schlafsack saco *m* de dormir

schlagen pegar
Schlange serpiente *f*
Schlauchboot bote *m* neumático
schließen cerrar
Schließfach consigna *f* automática
Schlitten trineo *m*
schlucken tragar
Schlüssel llaves *f pl*
schmecken saber
Schmerz dolor *m*
Schmuck joyas *f pl*
schmutzig sucio
Schnee nieve *f*
schneiden cortar
schneien nevar
schnell rápido
Schnupfen constipado *m*
Schokolade chocolate *m*
Schrank armario *m*
Schraubenzieher destornillador *m*
schreien gritar
Schritt paso *m*
Schuh zapato *m*
Schuhmacher zapatero *m*
Schuld culpa *f*
Schule escuela *f*
Schulter hombro *m*
Schüssel fuente *f*
Schutz protección *f*
schwanger embarazada
schwarz negro
Schweinefleisch carne *f* de cerdo
Schweiz Suiza *f*
Schweizer Franken francos *m pl* suizos
Schwester hermana *f*
schwimmen nadar
Schwimmweste salvavidas *m*
See lago *m*
Seekrankheit mal *m* de mar
Segelboot velero *m*
segeln navegar
Segelschule escuela *f* de navegación
sehen ver
Sehenswürdigkeit monumento *m*
Seife jabón *m*
Sekt cava *m*
Senf mostaza *f*
September septiembre *m*
Sex sexo *m*
Shorts pantalones *m pl* cortos
Sicherheitsgurt cinturón *m* de seguridad
Sicherung protección *f*
siegen vencer
Ski esquí *m*
Sohn hijo *m*

Sommer verano *m*
Sonnabend sábado *m*
Sonne sol *m*
Sonnenbrand quemadura *f*
Sonnenbrille gafas *f pl* de sol
Sonnenöl aceite *m* solar
Sonnenschirm sombrilla *f*
Sonnenuntergang puesta *f* de sol
Sonntag domingo *m*
Soße salsa *f*
Spargel espárrago *m*
spazieren gehen pasear
Speisekarte menú *m*
Spiegel espejo *m*
Spielzeug juguete *m*
Spinat espinaca *f*
Sport deporte *m*
Sprache idioma *m*
sprechen hablar
Sprechstunde hora *f* de consulta
spüren sentir
Staatsangehörigkeit nacionalidad *f*
Stadt ciudad *f*
Stadtplan plano *m* de la ciudad
Stadtzentrum centro *m* de la ciudad
Start comienzo *m*
starten empezar
stattfinden tener lugar
Stau atasco *m*
Steckdose enchufe *m*
stehen estar de pie
stehlen robar
Stein piedra *f*
Stern estrella *f*
Straße calle *f*
Straßenkarte mapa *m* de carreteras
Stuhl silla *f*
Sturm tormenta *f*
Suche búsqueda *f*
suchen buscar
Süden sur *m*
Supermarkt supermercado *m*
Suppe sopa *f*
Süßigkeit golosina *f*

T

Tabak tabaco *m*
Tag día *m*
Tal valle *m*
Tampon tampón *m*
Tankstelle gasolinera *f*
Tante tía *f*
Tanz baile *m*
Tasche bolso *m*
Taschenlampe linterna *f*
Taschenmesser navaja *f*
Taschentuch pañuelo *m*
Tasse taza *f*

tauchen bucear
Taucherausrüstung equipo *m* de buceo
Tee té *m*
Teil parte *f*
Telefon teléfono *m*
Telefonbuch guía *f* telefónica
telefonieren llamar por teléfono
Teller plato *m*
Temperatur temperatura *f*
Tennis tenis *m*
Teppich alfombra *f*
Termin cita *f*
teuer caro
Theater teatro *m*
Thermometer termómetro *m*
Tier animal *m*
Tisch mesa *f*
Toast tostada *f*
Tochter hija *f*
Toilette baño *m*
Toilettenpapier papel *m* higiénico
Tor gol *m*
töten matar
Tourist turista *m/f*
Touristeninformation información *f* turística
tragen llevar
träumen soñar
Treppe escalera *f*
Tretboot patín *m* acuático
treten pisar
Trinkgeld propina *f*
Trinkwasser agua *f* potable
trocknen secar
tropfen gotear
tun hacer
Tunnel túnel *m*
Tür puerta *f*
Turnschuhe zapatillas *f pl* de deporte

U

U-Bahn metro *m*
Übelkeit náuseas *f pl*
Überfall atraco *m*
übergeben entregar
Übergepäck exceso *m* de equipaje
Übernachtung alojamiento *m*
übernehmen tomar
Überraschung sorpresa *f*
übersetzen traducir
Übersetzung traducción *f*
übertreiben exagerar
Überweisung transferencia *f*
überzeugen convencer
Übung ejercicio *m*
Ufer orilla *f*
Uhr hora *f*
Unfall accidente *m*
Universität universidad *f*

Unterhaltung conversación *f*
Unterkunft alojamiento *m*
Untersuchung investigación *f*
Urlaub vacaciones *f pl*

V

Vase jarrón *m*
Vater padre *m*
verabreden citarse
verabschieden despedir
sich verabschieden despedirse
Verbandszeug vendajes *m pl*
verbinden conectar
Verbrechen crimen *m*
verbrennen quemar
verfolgen perseguir
vergessen olvidar
Verkehr tráfico *m*
verletzen lesionar
verlieben enamorarse
verlieren perder
Verlobte/r prometido/a *m/f*
Verlust pérdida *f*
vermieten alquilar
vermissen echar de menos
Verpflegung comida *f*
verschlafen quedarse dormido
versichern asegurar
Versicherung seguro *m*
Verspätung haben llevar retraso
verzeihen perdonar
Verzeihung perdón *m*
verzollen pagar aduana
Visum visado *m*
Vollpension pensión *f* completa
Vorfahrt prioridad *f*
Vorname nombre *m*
Vorsicht cuidado *m*
Vorwahl prefijo *m*

W

Waage balanza *f*
Wache comisaría *f*
wachsen crecer
Wahl elección *f*
wählen elegir
Wahrheit verdad *f*
Walnuss nuez *f*
Wand pared *f*
warm caliente
Warnung aviso *m*
warten esperar
Wartesaal sala *f* de espera
Waschbecken lavabo *m*
Wäsche ropa *f*
Wasser agua *f*
WC servicio *m*
wechseln cambiar
wecken despertar
Wecker despertador *m*
Weg camino *m*

Wegweiser indicador *m* de camino
weh tun hacer daño
weich blando
Weihnachten Navidad *f*
Wein vino *m*
weinen llorar
weiß blanco
weit lejano
Wind viento *m*
Wirbelsäule columna *f* vertebral
Wissen saber *m*
Witz chiste *m*
Woche semana *f*
Wochenende fin *m* de semana
sich wohl fühlen sentirse bien
wohnen vivir
Wolle lana *f*
wollen querer
Wort palabra *f*
Wörterbuch diccionario *m*
Wunde herida *f*
Wunsch deseo *m*
wünschen desear

Z

Zahl cifra *f*
zahlen pagar
Zahn diente *m*
Zahnbürste cepillo *m* de dientes
Zahnpasta pasta *f* dental
Zahnprothese prótesis *f* dental
Zahnschmerzen dolor *m* de muelas
Zange tenazas *f pl*
Zebrastreifen paso *m* de cebra
Zehen dedos *m pl* del pie
Zeichen señal *f*
zeigen mostrar
Zeit tiempo *m*
Zeitschrift revista *f*
Zeitung periódico *m*
Zentimeter centímetro *m*
Zeuge testigo *m*
ziehen sacar
Ziffer cifra *f*
Zigarette cigarrillo *m*
Zimmer habitación *f*
Zitrone limón *m*
Zoll aduana *f*
Zollkontrolle control *m* de aduana
Zoo zoo *m*
Zucker azúcar *m*
Zug tren *m*
Zukunft futuro *m*
Zündkerze bujía *f*
Zunge lengua *f*
Zuschauer espectador *m*
Zwiebel cebolla *f*
Zwischenstecker enchufe *m* intermedio

A

a la derecha rechts
a la izquierda links
a tiempo rechtzeitig
abierto offen
abogado *m* Anwalt
abrelatas *m* Büchsenöffner
abridor *m* Flaschenöffner
abrigo *m* Mantel
abuela *f* Großmutter
abuelo *m* Großvater
academia *f* Akademie
accidente *m* Unfall
accidente *m* **por alcance** Auffahrunfall
aceite *m* Öl
aceite *m* **de oliva** Olivenöl
aceite *m* **solar** Sonnenöl
aceituna *f* Olive
acento *m* Akzent
acentuar betonen
aceptar akzeptieren, annehmen
acera *f* Bürgersteig
acompañamiento *m* Begleitung
acompañante *m* Begleiter
acompañar begleiten
aconsejar raten, beraten
acta *m* Protokoll
activar aktivieren
acto *m* Akt
acuerdo *m* Absprache
adaptador *m* Adapter
adivinanza *f* Rätsel
adquisición *f* Erwerb
aduana *f* Zoll
adulto *m* Erwachsener
aeropuerto *m* Flughafen
afeitadora *f* Rasierapparat
afeitar rasieren
agencia *f* **de viajes** Reisebüro
agencia *f* Agentur
agitación *f* Aufregung
agosto *m* August
agradecer danken
agresor *m* Angreifer
agua *f* Wasser
agua *f* **potable** Trinkwasser
aguja *f* Nadel
ahorrar einsparen
aire *m* **acondicionado** Klimaanlage
aire *m* Luft
ajo *m* Knoblauch
ajustar anpassen
alambre *m* Draht
alarma *f* Alarm
albaricoque *m* Aprikose
albergue *m* Jugendherberge
albornoz *m* Bademantel
alcance *m* Reichweite
alcohol *m* Alkohol
alegrarse freuen

Alemania *f* Deutschland
alergia *f* Allergie
algodón *m* Baumwolle
almohada *f* Kopfkissen
alojamiento *m* Quartier, Übernachtung, Unterkunft
alpinismo bergsteigen
alquilar vermieten, mieten
alto laut; hoch
altura *f* Höhe
ama *f* **de casa** Hausfrau
amante *f/m* Geliebte(r)
ambiente *m* Ambiente
ambulancia *f* Krankenwagen
amenazar drohen
amiga *f* Freundin
amigo *m* Freund
amistad *f* Freundschaft
amor *m* Liebe
ampliar ausbauen
análisis *m* Analyse
analizar analysieren
andén *m* Bahnsteig
anestesia *f* Betäubung
anfitrión *m* Gastgeber
anguila *f* Aal
anillo *m* Ring
animal *m* Tier
animar anregen
anorak *m* Anorak
anotar aufschreiben, notieren
antibiótico *m* Antibiotikum
antigüedad *f* Antike
antigüedades *f pl* Antiquititäten
año *m* Jahr(gang)
aparcamiento *m* Parkplatz
aparcar parken
apariencia *f* Anschein
apartamento *m* Apartment
apartar abschieben
apellido *m* Familienname, Nachname
apetito *m* Appetit
apretar drücken
árbol *m* Baum
arena *f* Sand
argumento *m* Argument
armario *m* Schrank
arquitecto *m* Architekt
arquitectura *f* Architektur
arroyo *m* Bach
arroz *m* Reis
articulación *f* Gelenk
asado *m* Braten
ascensor *m* Aufzug
asegurar absichern, versichern
asiento *m* Sitz
aspirina *f* Aspirin
asunto *m* Angelegenheit
ataque *m* Anfall
atasco *m* Stau
ataúd *m* Sarg

atlántico *m* Atlantik
atraco *m* Überfall
auge *m* Aufschwung
aumento *m* **de precios** Preiserhöhung
autobús *m* Bus, Omnibus
autobús *m* **de viajes** Reisebus
automóvil *m* **club** Automobilklub
autopista *f* Autobahn
autoridad *f* Behörde
autorización *f* Genehmigung
autotrén *m* Autoreisezug
avellana *f* Haselnuss
avería *f* Panne
avería *f* **del motor** Motorschaden
aves *f pl* Geflügel
avión *m* Flugzeug
avión *m* **chárter** Chartermaschine
avisar anmelden, benachrichtigen
aviso *m* Anmeldung, Anzeige, Warnung
ayuda *f* Hilfe
ayudante *m* Helfer
ayudar helfen
ayuntamiento *m* Rathaus
azúcar *m* Zucker
azul blau

B

babor *m* Backbord
baile *m* Tanz
baja *f* Abmeldung
bajada *f* Abstieg
bajo leise, niedrig
balanza *f* Waage
balcón *m* Balkon
bañador *m* Badehose
bañarse baden
banco *m* Bank
bañero *m* Bademeister
baño *m* Bad, Toilette
barato billig
barca *f* Boot
bastar genügen
basura *f* Abfall, Müll
batería *f* Batterie
bebé *m* Baby
bebida *f* Getränk
besar küssen
beso *m* Kuss
biblia *f* Bibel
biblioteca *f* Bibliothek
bicicleta *f* Fahrrad
bidón *m* **de gasolina** Benzinkanister
billete *m* Fahrkarte, Geldschein, Schein
billete *m* **de ida y vuelta** Rückfahrkarte
blanco weiß

blando weich
blusa *f* Bluse
boca *f* Mund
boda *f* Hochzeit
bogavante *m* Hummer
bolígrafo *m* Kugelschreiber
bolso *m* Tasche
bolso *m* **de mano** Handtasche
bomberos *m pl* Feuerwehr
bombilla *f* Glühbirne
borracho betrunken
bote *m* **neumático** Schlauchboot
botella *f* Flasche
botón *m* Knopf
brazo *m* Arm
brocha *f* **de afeitar** Rasierpinsel
bucear tauchen
bujía *f* Zündkerze
bungalow *m* Bungalow
buque *m* **de pasajeros** Passagierschiff
buscar suchen
búsqueda *f* Suche
buzón *m* Briefkasten

C

caballo *m* Pferd
cabeza *f* Kopf
cabina *f* Kabine
cabina *f* **interior** Innenkabine
cacahuete *m* Erdnuss
cacao *m* Kakao
cadena *f* Kette
caer fallen
café *m* Café, Kaffee
cafetera *f* Kaffeekanne
caída *f* Absturz
caja *f* Kasse
calcular rechnen
cálculo *m* Berechnung
calefacción *f* Heizung
calendario *m* Kalender
calidad *f* Qualität
caliente warm
calle *f* Straße
calle *f* **de dirección única** Einbahnstraße
calle *f* **principal** Hauptstraße
calmante *m* Beruhigungsmittel
calzada *f* Fahrbahn
cama *f* Bett
camarero *m* Bedienung
camarero/-a *m/f* Kellner/in
cambiar ändern, wechseln
cambio *m* Geldwechsel
camino *m* Weg
campesino *m* Bauer
camping *m* Camping
campo *m* Feld
canal *m* Kanal
canción *f* Lied
caos *m* Chaos
capital *f* Hauptstadt

cara *f* Gesicht
carácter *m* Charakter
caramelos *m pl* Bonbons
caravana *f* Campingwagen
carga *f* Belastung
cargar laden
carne *f* Fleisch
carne *f* **de cerdo** Schweinefleisch
carne *f* **de vaca** Rindfleisch
carné *m* **de albergue** Herbergsausweis
carné *m* **de camping** Campingausweis
carné *m* **de identidad** Ausweis
carné *m* **de vacunación** Impfpass
carnicero *m* Metzger
caro teuer
carrera *f* Karriere
carta *f* Brief
cartel *m* Plakat
cartero *m* Briefträger
cartón *m* Karton
casa *f* Haus
casarse heiraten
castillo *m* Burg
casualidad *f* Zufall
catálogo *m* Katalog
cava *m* Sekt
caza *f* Jagd
cebolla *f* Zwiebel
celebrar feiern
celoso eifersüchtig
cementerio *m* Friedhof
cena *f* Abendessen
cenicero *m* Aschenbecher
centímetro *m* Zentimeter
centro *m* **comercial** Einkaufszentrum
centro *m* **de la ciudad** Stadtzentrum
centro *m* **urbano** Innenstadt
cepillo *m* **de dientes** Zahnbürste
cepillo *m* **para el pelo** Haarbürste
cerado geschlossen
cercano nah
cereales *m pl* Getreide
cerezas *f pl* Kirsche
certificado *m* Attest
cerveza *f* Bier
champú *m* Haarshampoo
chaqueta *f* Jacke, Jackett
cheque *m* Scheck
chica *f* Mädchen
chimenea *f* Kamin
chiste *m* Witz
chocar auffahren
chocolate *m* Schokolade
ciclista *m* Radfahrer
cielo *m* Himmel
cifra *f* Zahl, Ziffer

cigarrillo *m* Zigarette
cine *m* Kino
cinta *f* Band
cinturón *m* Gürtel
cinturón *m* **de seguridad** Sicherheitsgurt
circulación *f* Kreislauf
círculo *m* Kreis
ciruela *f* Pflaume
cirujano *m* Chirurg
cita *f* Termin
citarse verabreden
ciudad *f* Stadt
claro hell
clase *f* Klasse
clima *m* Klima
clínica *f* Klinik
club *m* Club
club *m* **nocturno** Nachtclub
coche *m* Auto
coche *m* **de policía** Polizeiwagen
cocina *f* Herd, Küche
cocinar kochen
cocinero *m* Koch
coco *m* Kokosnuss
codo *m* Ellbogen
colchón *m* **hinchable** Luftmatratze
coliflor *f* Blumenkohl
color *m* Farbe
color de pelo *m* Haarfarbe
columna *f* **vertebral** Wirbelsäule
comenzar beginnen
comer essen
comercio *m* Handel
comercio *m* **al por menor** Einzelhandel
comida *f* Essen, Lebensmittel, Verpflegung, Mittagessen
comienzo *m* **del año** Jahresbeginn
comienzo *m* Anfang, Start
comisaría *f* Polizeirevier
comisión *f* Provision
compañía *f* **aérea** Fluggesellschaft
compás *m* Kompass
comportarse benehmen
comprar einkaufen, kaufen
compresa *f* Damenbinde
comprobación *f* Feststellung
comprobar feststellen
comunidad *f* Gemeinschaft
con mit
conciencia *f* Gewissen
concierto *m* Konzert
condición *f* Bedingung
condón *m* Kondom
conducir fahren
conductor *m* Fahrer
conectar einschalten, verbinden
conexión *f* Anschluss

conferencia *f* Ferngespräch
conferencia *f* **urbana** Ortsgespräch
conmoción *f* **cerebral** Gehirnerschütterung
conmovido ergriffen
conocer kennen
conocido *m* Bekannter
conocimiento *m* Kenntnisse
conseguir erreichen
consejo *m* Rat
consigna *f* Gepäckaufbewahrung
constipado *m* Schnupfen
construir bauen
consulado *m* Konsulat
consultorio *m* Praxis
contenido *m* Inhalt
continuación *f* Fortsetzung
contrario *m* Gegenteil
contraste *m* Gegensatz
contribución *f* Beitrag
contribuir beitragen
control *m* **de aduana** Zollkontrole
control *m* **de pasaporte** Passkontrolle
convencer überzeugen
conversación *f* Gespräch, Unterhaltung
copa *f* **de helado** Eisbecher
copia *f* Abzug
corazón *m* Herz
corbata *f* Krawatte
cordel *m* Bindfaden
cordero *m* Lamm
correo *m* **aéreo** Luftpost
Correos *m pl* Post
correr laufen
corresponder a entsprechen
corrida *f* Stierkampf
cortar schneiden, abschneiden
cosa *f* Ding, Sache
coser annähen
costa *f* Küste
crecer wachsen
creencia *f* Glaube
creer glauben
crema *f* **de afeitar** Rasiercreme
cremallera *f* Reißverschluss
crimen *m* Verbrechen
cristal *m* Glas
cristianismo *m* Christentum
Cristo Christus
cruce *m* Kreuzung
crucero *m* Kreuzfahrt
cuadrado *m* Quadrat
cuadro *m* Bild
cualidad *f* Eigenschaft
cuarentena *f* Quarantäne
cuarto *m* **de baño** Badezimmer
cubiertos *m pl* Besteck

cubo *m* Eimer
cubo *m* **de basura** Mülleimer
cuchara *f* Löffel
cuchillo *m* Messer
cuenta *f* Rechnung
cuenta *f* **del banco** Bankkonto
cuerda *f* Leine
cuerpo *m* Körper
cueva *f* Höhle
cuidado *m* Achtung, Pflege, Vorsicht
cuidar pflegen
culpa *f* Schuld
cultivo *m* Anbau
cumpleaños *m* Geburtstag
cuna *f* Kinderbett
cura *f* Kur
curiosidad *f* Neugier
curso *m* Kurs

D

dama *f* Dame
dañar schaden
dar geben
dar por resultado ergeben
darse de baja abmelden
dátiles *m pl* Datteln
datos *m pl* **personales** Personalien
debate *m* Debatte
deber *m* Pflicht
década *f* Jahrzehnt
decidir beschließen, bestimmen, entscheiden
decir sagen
decisión *f* Entscheidung
de color lila lila
dedo *m* Finger
dedos *m pl* **del pie** Zehen
defensa *f* Abwehr
dejar hinterlassen, abstellen, lassen
deletrear buchstabieren
delgado dünn
democracia *f* Demokratie
demostrar beweisen
deponer ablegen
deporte *m* Sport
depositar absetzen, hinterlegen
derecho *m* Recht
derecho *m* **de exportación** Ausfuhrzoll
derechos *m pl* **de alquiler** Leihgebühr
derechos *m pl* Rechte
desarrollo *m* Entwicklung
desayunar frühstücken
desayuno *m* Frühstück
descafeinado koffeinfrei
descansar ruhen
desconectar ausschalten

descripción *f* Beschreibung
descubrimiento *m* Entdeckung, Erfindung
desear wünschen
deseo *m* Anliegen, Wunsch
desinfectante *m* Desinfektionsmittel
desodorante *m* Deodorant
despedida *f* Abschied
despedir entlassen, verabschieden
despedirse sich verabschieden
despertador *m* Wecker
despertar wecken
destinatario *m* Empfänger
desventaja *f* Nachteil
detalle *m* Geste
día *m* Tag
día del año *m* Jahrestag
día festivo *m* Feiertag
diabético *m* Diabetiker
diagnóstico *m* Diagnose
diapositiva *f* Dia
diarrea *f* Durchfall
diccionario *m* Wörterbuch
diciembre *m* Dezember
diente *m* Zahn
diesel *m* Diesel
dieta *f* Diät, Diätkost
diferencia *f* Differenz
dinero *m* Geld
dinero *m* **en efectivo** Bargeld
dinero *m* **suelto** Kleingeld
Dios *m* Gott
diplomático *m* Diplomat
dirección *f* Adresse
directo direkt
discoteca *f* Diskothek
disculpa *f* Entschuldigung
disculparse entschuldigen
discurso *m* Rede
discutir diskutieren
disfrutar genießen
disparar schießen
dispendio *m* Aufwand
disponer anordnen
disposición *f* Anlage
distancia *f* Abstand, Entfernung
distrito *m* Bezirk
divertirse amüsieren
docena *f* Dutzend
doctor *m* Doktor
documentación *f* Papiere
dolor *m* Schmerz
dolor *m* **de cabeza** Kopfschmerzen
dolor *m* **de muelas** Zahnschmerzen
dominar beherrschen
dormir schlafen
dormirse einschlafen
drama *m* Drama
droguería *f* Drogerie

ducha *f* Dusche
dueño *m* Besitzer
duración *f* Dauer
durar dauern
duro hart

E

echar gießen
echar de menos vermissen
edad *f* Alter
edificio *m* Gebäude
educadora *f* Kindergärtnerin
efecto *m* **secundario** Nebenwirkung
ejemplo *m* Beispiel
ejercicio *m* Übung
elección *f* Wahl
electricista *m* Elektriker
electrónica *f* Elektronik
elegir wählen
embajada *f* Botschaft
embajador *m* Botschafter
embarazada schwanger
emergencia *f* Not
empaquetar packen, einpacken
empezar starten
empleado *m* Angestellter/Arbeitnehmer
emplear anwenden
empresa *f* Firma
enamorarse verlieben
encanto *m* Charme
encendedor *m* Feuerzeug
enchufe *m* Steckdose
enchufe *m* **intermedio** Zwischenstecker
encontrar finden, begegnen
encontrarse befinden
endibia *f* Chicoree
energía *f* Energie
enero *m* Januar
enfermedad *f* Erkrankung, Krankheit
enfermera *f* Krankenschwester
ensalada *f* Salat
entrada *f* Einfahrt, Eingang, Einreise, Eintritt
entrar eintreten
entrega *f* Abgabe
entregar abgeben, übergeben
entrevista Interview
entusiasmarse por sich begeistern für
enviar schicken, abschicken
equipaje *m* **de mano** Handgepäck
equipaje *m* Gepäck
equipo *m* **de buceo** Taucherausrüstung
equivocación *f* Irrtum
error *m* Fehler
escalera *f* Treppe
escena *f* Auftritt
escenario *m* Bühne

escuchar hören
escuela *f* Schule
escuela *f* **de navegación** Segelschule
esfuerzo *m* Mühe
espárrago *m* Spargel
especia *f* Gewürz
especialista *m* Facharzt
espectador *m* Zuschauer
espejo *m* Spiegel
espera *f* Erwartung
esperar erwarten, hoffen, warten, abwarten
espinaca *f* Spinat
esquí *m* Ski
esquina *f* Ecke
estación *f* Bahnhof, Hauptbahnhof, Jahreszeit
estado *m* Familienstand
estafa *f* Betrug
estancia *f* Aufenthalt
estar de pie stehen
estar echado liegen
Este *m* Osten
estómago *m* Magen
estrella *f* Stern
euro *m* Euro
Europa *f* Europa
exagerar übertreiben
examinar nachsehen, prüfen
exceso *m* **de equipaje** Übergepäck
excitación *f* Reiz
excursión *f* Ausflug
existencia *f* Existenz
éxito *m* Erfolg
experiencia *f* Erfahrung
experimento *m* Experiment
experto *m* Experte
explosión *f* Explosion
exponer aussetzen
exposición *f* Ausstellung
expulsión *f* Abschiebung
extender erweitern
extensión *f* Erweiterung
extintor *m* Feuerlöscher

F

fábrica *f* Fabrik
falda *f* Rock
familia *f* Familie
farmacia *f* Apotheke
febrero *m* Februar
fecha *f* Datum
felicitación *f* Glückwunsch
felicitar gratulieren
ferrocarril *m* Bahn, Eisenbahn
ferry *m* Fähre
festival *m* Festival
fiebre *f* Fieber
fiesta *f* Feier, Fest, Party
figura *f* Figur
fila *f* Reihe
fin *m* Ende

fin *m* **de semana** Wochenende
final *m* **de año** Jahresende
finalizar enden
finanzas *f pl* Finanzen
flor *f* Blume
fondo *m* Hintergrund
forma *f* Form, Gestalt
formación *f* Bildung, Ausbildung
formar parte de dazugehören
formar gestalten
foto *f* Foto
fotografiar fotografieren
frambuesa *f* Himbeere
franquear frankieren, freimachen
franqueo *m* Porto
frenar bremsen
freno *m* Bremse
freno *m* **de emergencia** Notbremse
freno *m* **de mano** Handbremse
fresa *f* Erdbeere
frío kalt
frontera *f* Grenze
fruta *f* Obst
frutería *f* Obstgeschäft
fuego *m* Feuer
fuente *f* Brunnen, Quelle, Schüssel
fuente *f* **de salud** Heilquelle
fuerza *f* Kraft
fumador *m* Raucher
fumar rauchen
funcionar funktionieren
funcionario *m* Beamter
funda *f* Brillenetui
fútbol *m* Fußball
futuro *m* Zukunft

G

gafas *f pl* Brille
gafas *f pl* **de sol** Sonnenbrille
galleta *f* Keks
gallo *m* Hahn
gamba *f* Garnele
ganancia *f* Gewinn
ganas *f pl* Lust
ganso *m* Gans
garaje *m* Garage
garantía *f* Garantie
garantizar garantieren
gas *m* Gas
gasolina *f* Benzin
gasolinera *f* Tankstelle
gastos *m pl* Kosten, Nebenkosten
gente *f* Leute
ginecólogo *m* Frauenarzt
girar abbiegen
globo *m* Globus
gobernar regieren
gobierno *m* Regierung
gol *m* Tor

golf *m* Golf
golosina *f* Süßigkeit
gorro *m* **de baño** Badekappe
gotear tropfen
gramo *m* Gramm
grande groß
granizo *m* Hagel
grasa *f* Fett
gritar schreien
grosellas *f pl* Johannisbeeren
grúa *f* Abschleppwagen
grupo *m* Gruppe
guante *m* Handschuh
guardar behalten, bewahren, aufbewahren
guardarropa *m* Garderobe
guía *m* Fremdenführer, Reiseführer
guía *f* **telefónica** Telefonbuch
guía *m* **turístico** Reiseleiter
guiar führen
gustar mögen

H

habitación *f* Zimmer
habitación *f* **doble** Doppelzimmer
habitación/espacio *f/m* Raum
habitación *f* **individual** Einzelzimmer
habitación *f* **privada** Privatzimmer
habitante *m* Bewohner
hablar reden, sprechen
hacer tun, machen
hacer daño weh tun
hacer falta fehlen
hall *m* Hotelhalle
hamaca *f* Hängematte
hambre *m* Hunger
helada *f* Frost
heladería *f* Eisdiele
helado *m* Eis
helicóptero *m* Hubschrauber
herida *f* Wunde
hermana *f* Schwester
hermano *m* Bruder
héroe *m* Held
hierbas *f pl* Kräuter
higo *m* Feige
hija *f* Tochter
hijo *m* Sohn
historia *f* Geschichte
hogar *m* Heim
hoja *f* **de afeitar** Rasierklinge
hoja *f* Blatt
hombre *m* Mann
hombro *m* Schulter
hora *f* Uhr
hora *f* **de consulta** Sprechstunde
horario *m* Fahrplan
horario *m* **de vuelos** Flugplan

horas *f pl* **de apertura** Öffnungszeiten
horas *f pl* **de visita** Besuchszeit
hospital *m* Krankenhaus
hotel *m* Hotel
hueso *m* Knochen
huevo *m* Ei
humo *m* Rauch
humor *m* Humor

I

idea *f* Idee
identificar identifizieren
idioma *m* Sprache
iglesia *f* Kirche
ilusión *f* Illusion
ilustración *f* Abbildung
impedir abhalten
impermeable *m* Regenmantel
importación *f* Import
importe *m* Betrag
impresionante beeindruckend
incendio *m* Brand
indicación *f* Angabe, Hinweis
indicador *m* **de camino** Wegweiser
indicar angeben
inflamación *f* Entzündung
información *f* **turística** Touristeninformation
información *f* Auskunft, Information
informar informieren, berichten, benachrichtigen
informe *m* Bericht
inscribir eintragen
insecticida *m* Insektenmittel
insectos *m pl* Insekten
institución *f* Einrichtung
instituto *m* Gymnasium, Institut
inteligencia *f* Intelligenz
intención *f* Absicht
interés *m* Interesse, Mitgefühl
interesarse por sich interessieren für
interior *m* Inland
internista *m* Internist
intérprete *m* Dolmetscher
interrumpir abbrechen
interruptor *m* Lichtschalter
intestino *m* Blinddarm, Darm
investigación *f* Forschung
invitación *f* Einladung
invitado *m* Gast
invitar einladen
inyección *f* Injektion
ir gehen
ir a buscar holen
isla *f* Insel

J

jabón *m* Seife
jardín *m* Garten

jarra *f* Kanne
jarrón *m* Vase
jefe *m* Chef
jersey *m* Pullover
jinete *m* Reiter
jornada *f* **laboral** Arbeitszeit
joven *m* Junge
joyas *f pl* Schmuck
joyero *m* Juwelier
judía *f* Bohne
jueves *m* Donnerstag
juguete *m* Spielzeug
julio *m* Juli
junio *m* Juni
justificante *m* Beleg
justificar rechtfertigen
juzgar beurteilen

K

kilo *m* Kilo
kilómetro *m* Kilometer

L

labio *m* Lippe
ladrón *m* Einbrecher
lago *m* See
lamentar beklagen
lana *f* Wolle
lancha *f* **motora** Motorboot
lápiz *m* Bleistift
largo lang
lata *f* Dose
lavabo *m* Waschbecken
laxante *m* Abführmittel
leche *f* Milch
lechuga *f* Kopfsalat
legal rechtlich
legítima *f* **defensa** Notwehr
lejanía *f* Ferne
lejano weit
lengua *f* **materna** Muttersprache
lengua *f* Zunge
lentillas *f pl* Kontaktlinsen
lento langsam
lesionar verletzen
ley *f* Gesetz
libertad *f* Freiheit
libre frei
libro *m* Buch
licencia *f* **de caza** Jagdschein
limón *m* Zitrone
limpiador *m* Putzmittel
limpiar putzen, reinigen
limpieza *f* Reinigung
limpio sauber
linterna *f* Taschenlampe
liquidación *f* Abrechnung
litro *m* Liter
llamada *f* Anruf, Ruf
llamamiento *m* Aufruf
llamar anrufen, nennen, rufen, klopfen
llamarse heißen

llaves *f pl* **del coche** Autoschlüssel
llaves *f pl* Hausschlüssel, Schlüssel
llegada *f* Ankunft
llegar ankommen
llevar tragen, bringen
llevar retraso Verspätung haben
llorar weinen
llover regnen
lluvia *f* Regen
loar loben
local *m* Kneipe
locomotora *f* Lokomotive
lucha *f* Kampf
lugar *m* **de nacimiento** Geburtsort
lugar *m* Platz, Ort
luna *f* Mond
luz *f* Licht

M

madera *f* Holz
madre *f* Mutter
maíz *m* Mais
mal de mar *m* Seekrankheit
mala suerte *f* Pech
maleta *f* Koffer
maletero *m* Kofferraum
mañana *f* Morgen
mancha *f* Fleck
mandarina *f* Mandarine
manera *f* Art
manga *f* Ärmel
manifestación *f* Demonstration
mano *f* Hand
manta *f* Bettdecke, Decke
mantequilla *f* Butter
manzana *f* Apfel
mapa *m* Landkarte
mapa *m* **de carreteras** Straßenkarte
máquina *f* **fotográfica** Fotoapparat
mar *m* Meer
marco *m* Rahmen
marea *f* Flut
mareo *m* Luftkrankheit
margarina *f* Margarine
marido *m* Ehemann
martillo *m* Hammer
marzo *m* März
matar töten
material *m* Material
matrícula *f* Nummernschild
mayo *m* Mai
media *f* **pensión** Halbpension
medicamento *m* Arzneimittel, Medikamente
médico *m* Arzt
médico *m* **jefe** Chefarzt
medio *m* Mitte

medio kilo *m* Pfund
mediodía *m* Nachmittag
medir messen
medusas *f pl* Quallen
melocotón *m* Pfirsich
melón *m* Melone
mencionar erwähnen
menstruación *f* Menstruation
mentir lügen
menú *m* Speisekarte
mercado *m* Markt
mermelada *f* Marmelade
mes *m* Monat
mesa *f* Tisch
metro *m* U-Bahn, Meter
mezclar mischen
miedo *m* Angst
miel *f* Honig
miércoles *m* Mittwoch
milenio *m* Jahrtausend
milla *f* Meile
minusválido behindert
minuto *m* Minute
mirar anschauen, ansehen, blicken
mitad *f* Hälfte
molestar stören
momento *m* Augenblick, Moment
moneda *f* Münze
monedero *m* Portemonnaie
montaña *f* Berg
montar a caballo reiten
montón *m* Haufen
monumento *m* Sehenswürdigkeit, Denkmal
morder beißen
mosca *f* Fliege
mosquito *m* Mücke
mostaza *f* Senf
mostrar zeigen
motivo *m* Grund
moto *f* Motorrad
motor *m* Motor
mover rücken, bewegen
móvil *m* Handy
movimiento *m* Bewegung
mozo *m* Gepäckträger
mueble *m* Möbel
mujer *f* Frau, Ehefrau
municipio *m* Gemeinde
museo *m* Museum
música *f* Musik
músico *m* Musiker

N

nacer entstehen
nacimiento *m* Geburt
nación *f* Nation
nacionalidad *f* Nationalität, Staatsangehörigkeit
nadar schwimmen
naranja *f* Apfelsine, Orange
nariz *f* Nase

naturaleza *f* Natur
navaja *f* Taschenmesser
navegar segeln
Navidad *f* Weihnachten
necesitar brauchen
negar bestreiten
negativa *f* Absage
negociar handeln
negocio *m* Geschäft
negro schwarz
nervio *m* Nerv
neumático *m* Reifen
nevar schneien
nevera *f* Kühlschrank
niebla *f* Nebel
nieta *f* Enkelin
nieto *m* Enkel
nieve *f* Schnee
niño *m* Kind
no entenderse missverstehen
no fumador *m* Nichtraucher
noche *f* Nacht
nombre *m* Name, Vorname
norte *m* Norden
notar merken
noticia *f* Nachricht
novela *f* Roman
noviembre *m* November
nuevo neu
nuez *f* Nuss, Walnuss
número *m* Nummer, Anzahl
número *m* **de casa** Hausnummer
número *m* **de teléfono** Rufnummer

O

obras *f pl* Bauarbeiten, Baustelle
observación *f* Bemerkung
observar beachten, beobachten
obtener erzielen
ocasión *f* Gelegenheit
octubre *m* Oktober
oculista *m* Augenarzt
ocupar beziehen
ocuparse de befassen
oferta *f* Angebot
oficina *f* **de correos** Postamt
oficina *f* **de objetos perdidos** Fundbüro
oficina *f* Amt, Büro
ofrecer anbieten, bieten
ojalá hoffentlich
ojo *m* Auge
oler riechen
olvidar vergessen
ópera *f* Oper
operación *f* Operation
operar operieren
opinar meinen
opinión *f* Meinung

óptico *m* Optiker
orden *f* Befehl, Gebot
ordenador *m* Computer
ordenar ordnen
oreja *f* Ohr
organización *f* Organisation
organizar organisieren
órgano *m* Organ
orientación *f* Orientierung
orientarse orientieren
original *m* Original
orilla *f* Ufer
orquesta *f* Orchester
oscuro dunkel
ostras *f pl* Austern
otoño *m* Herbst
oveja *f* Schaf

P

paciencia *f* Geduld
paciente *m* Patient
padre *m* Vater
padres *m pl* Eltern
pagar zahlen, bezahlen, auszahlen
pagar aduana verzollen
pago *m* Anzahlung, Bezahlung
país *m* Land
paisaje *m* Landschaft
palabra *f* Wort
pan *m* Brot
panadería *f* Bäckerei
panadero *m* Bäcker
panecillo *m* Brötchen
pánico *m* Panik
panorama *m* Aussicht
pantalón *m* Hose
pantalones *m pl* **cortos** Shorts
pañuelo *m* Taschentuch
pañuelo *m* **de papel** Papiertaschentuch
papel *m* Papier
papel *m* **higiénico** Toilettenpapier
paquete *m* Packung, Paket
para für, um, zu
parada *f* Haltestelle, Bushaltestelle
paraguas *m* Regenschirm
parar anhalten
pared *f* Wand
pareja *f* Paar
parking *m* Parkhaus
parque *m* Park
parque *m* **nacional** Nationalpark
parqué *m* Parkett
párrafo *m* Absatz
párroco *m* Pfarrer
parte *f* **antigua** Altstadt
parte *f* Teil, Anteil
parte *f* **posterior** Rückseite
participar mitmachen
partir abreisen

pasajero *m* Passagier
pasaporte *m* Pass, Reisepass
pasar geschehen, passen
pasar cuentas abrechnen
Pascua *f* Ostern
pasear spazieren gehen
paseo *m* **en barca** Bootsfahrt
pasillo *m* Gang
paso *m* Durchfahrt, Durchgang, Schritte
paso *m* **de cebra** Zebrastreifen
paso *m* **de peatones** Fußgängerübergang
pasta *f* **dental** Zahnpasta
pastas *f pl* Nudel
pastel *m* Kuchen
pastor *m* Pastor
patata *f* Kartoffel
patatas *f pl* **fritas** Pommesfrites
patín *m* **acuático** Tretboot
patio *m* Hof
pato *m* Ente
patria *f* **natal** Heimatstadt
patria *f* Heimat
pausa *f* Pause
pavo *m* Pute
paz *f* Frieden
peatón *m* Fußgänger
pecho *m* Brust
pediatra *m* Kinderarzt
pedido *m* Bestellung
pedir fordern, bitten, anfordern, beantragen
pegar schlagen
peinado *m* Frisur
pelar schälen
película *f* Film
peligro *m* Gefahr
pelo *m* Haare
pelota *f* Ball
peluquero *m* Friseur
pendiente *m* Ohrring
pensión *f* Pension
pensión *f* **completa** Vollpension
pensionista *m* Rentner
Pentecostés *m* Pfingsten
pepino *m* Gurke
pequeño klein
pera *f* Birne
percha *f* Kleiderbügel
perder verlieren
pérdida *f* Verlust
perdón *m* Verzeihung
perdonar verzeihen
perejil *m* Petersilie
perfumería *f* Parfümerie
periódico *m* Zeitung
periodista *m/f* Journalist/in
permiso *m* **de conducir** Führerschein
permitir dürfen
perro *m* Hund

perseguir verfolgen
persona *f* Mensch, Person
personal *m* Personal
pertenecer gehören
pesadilla *f* Alptraum
pesca *f* Angelsport
pescar angeln
peso *m* Gewicht
pez/pescado *m* Fisch
pianista *m/f* Pianist/in
picnic *m* Picknick
pie *m* Fuß
piedra *f* Stein
piel *f* Haut, Leder
pierna *f* Bein
píldora *f* Pille
piloto *m/f* Pilot/in
pimienta *f* Pfeffer
pimiento *m* Paprika
piña *f* Ananas
pincel *m* Pinsel
pintor *m* Maler
pipa *f* Pfeife
pisar treten
piscina *f* **al aire libre** Freibad
piscina *f* **cubierta** Hallenbad
piso *m* Etage
placa *f* Plakette, Platte
plan *m* Plan
planchar bügeln
planeta *m* Planet
plano *m* **de ciudad** Stadtplan
planta *f* **baja** Erdgeschoss
planta *f* Pflanze
plástico *m* Plastik
plátano *m* Banane
plato *m* Teller
playa *f* **de arena** Sandstrand
plaza *f* **de toros** Arena
pobre arm
pobreza *f* Armut
poder *m* Gewalt, Können
poeta *m* Dichter
policía *f* Polizei
político *m* Politiker
pomelo *m* Grapefruit
poner anlegen/legen
por ciento Prozent
porción *f* Portion
portero *m* Pförtner, Portier
posibilidad *f* Chance, Möglichkeit
posición *f* Position
practicar betreiben
precio *m* Preis
precio *m* **global** Pauschalpreis
prefijo *m* Vorwahl
pregunta *f* Anfrage, Frage
preguntar fragen
prensa *f* Presse
presentación *f* Ansage
presentarse sich melden
presentimiento *m* Ahnung

presentir ahnen
prestar ausleihen, leihen
prima *f* Cousine
primavera *f* Frühling
privado privat
primo *m* Cousin
principiante *m* Anfänger
principio *m* Prinzip
prioridad *f* Vorfahrt
primeros auxilios *m pl* erste Hilfe
probarse anprobieren
problema *m* Problem
proceder agieren
producción *f* Herstellung
producir erstellen, erzeugen
producto *m* Produkt
productor *m* Hersteller
profesión *f* Beruf
profesionales *m pl* Fachleute
profesor *m* Lehrer
programa *m* Programm
prohibición *f* **de estacionamiento** Parkverbot
prohibición *f* **de parar** Halteverbot
prometida *f*/**-o** *m* Verlobte/r
pronóstico *m* Prognose
pronunciar aussprechen
propina *f* Trinkgeld
prospecto *m* Prospekt
protección *f* Schutz, Sicherung
protección *f* **de la naturaleza** Naturschutz
prótesis *f* Prothese, Zahnprothese
protesta *f* Protest
proximidad *f* Nähe
proyecto *m* Projekt
prueba *f* Beweis, Probe
publicación *f* Bekanntgabe
público *m* Publikum
pueblo *m* Dorf
puerta *f* Tür, Haustür
puerto *m* Hafen, Hafenstadt
puesta *f* **de sol** Sonnenuntergang
pulgar *m* Daumen
pulmón *m* Lunge
punto *m* Punkt
punto *m* **de partida** Ausgangspunkt
puntualidad *f* Pünktlichkeit

Q

quedarse bleiben
quedarse dormido verschlafen
quejarse sich beschweren
quemadura *f* Sonnenbrand
quemar verbrennen
querer wollen
queso *m* Käse
química *f* Chemie
quitar abnehmen, entfernen

R

radio *f* Funk, Radio
ramo *m* **de flores** Blumenstrauß
rango *m* Rang
rápido schnell
rata *f* Ratte
rayo *m* Blitz
reacción *f* Reaktion
reaccionar reagieren
realizar abwickeln, realisieren
rebaja *f* Ermäßigung
recargo *m* **de temporada** Saisonzuschlag
recepción *f* Empfang, Rezeption
receta *f* Rezept
recibir bekommen
recibo *m* Quittung
reclamación *f* Beanstandung
recoger abholen
recomendar empfehlen
recompensa *f* Belohnung
reconocer erkennen
recordar erinnern
recuerdo *m* Andenken
recuperar nachholen
red *f* Netz
reducción *f* **de precios** Preisermäßigung
reducir reduzieren
reexpedir nachsenden
referirse a sich beziehen auf
regalo *m* Geschenk
región *f* Gebiet, Gegend, Region
regla *f* Regel
reír lachen
relación *f* Beziehung
relajación *f* Entspannung
religión *f* Religion
rellenar ausfüllen
reloj *m* **de pulsera** Armbanduhr
remitente *m* Absender
remolcar abschleppen
reparación *f* Reparatur
reparar reparieren
representar aufführen, darstellen
República *f* **Federal de Alemania** Bundesrepublik Deutschland
repuesto *m* Ersatzteil
resbalar rutschen
rescate *m* Rettung
reserva *f* Buchung, Reservierung
reserva *f* **de asiento** Platzkarte
reserva *f* **natural** Naturschutzgebiet
reservar belegen, buchen, reservieren
respeto *m* Respekt

respirar atmen
responder antworten, beantworten
respuesta *f* Antwort, Bescheid
restaurante *m* Restaurant
resultado *m* Ergebnis, Resultat
retener halten
retirar entziehen
reto *m* Herausforderung
revista *f* Illustrierte, Zeitschrift
rico reich
riesgo *m* Risiko
río *m* Fluss
rizos *m pl* Locken
robar stehlen
roca *f* Fels
rodaja *f* Scheibe
rodar drehen
rodilla *f* Knie
rojo rot
ropa *f* **de cama** Bettwäsche
ropa *f* Wäsche
roto kaputt
rueda *f* Rad
ruido *m* Krach

S

sábado *m* Sonnabend
saber bien schmecken
saber *m* Wissen, erfahren
sacacorchos *m* Korkenzieher
saco *m* **de dormir** Schlafsack
sal *f* Salz
sala *f* Saal
sala *f* **de espera** Wartesaal
salado gesalzen
salida *f* Abfahrt, Abflug, Ausgang
salida *f* **de emergencia** Notausgang
salir abfahren, ablaufen, ausgehen
salsa *f* Soße
salud *f* Gesundheit
saludar grüßen
saludo *m* Gruß
salvar retten
salvavidas *m* Schwimmweste
sangre *f* Blut
sauna *f* Sauna
secador *m* Föhn
secar trocknen
secreto *m* Geheimnis
sed *f* Durst
seguir folgen
seguridad *f* Absicherung
seguro *m* Versicherung
selectividad *f* Abitur
sello *m* Briefmarke
semáforo *m* Ampel
semana *f* Woche
señal *f* Anzeichen, Zeichen
señor *m* Herr

sentido *m* **de giro obligatorio** Kreisverkehr
sentir bedauern, fühlen, spüren
sentirse bien sich wohl fühlen
septiembre *m* September
serie/consecuencia *f* Folge
serpiente *f* Schlange
servicio *m* WC
servicio *m* **de caballeros** Herrentoilette
servicio *m* **de grúa** Abschleppdienst
servicio *m* **de señoras** Damentoilette
servir nützen, dienen
setas *f pl* Pilze
sexo *m* Geschlecht, Sex
sierra *f* Gebirge
siglo *m* Jahrhundert
silla *f* Stuhl
sin ohne
simple einfach
sobre *m* Briefumschlag
sobrina *f* Nichte
sobrino *m* Neffe
socio *m* Mitglied, Partner
sol *m* Sonne
soledad *f* Einsamkeit
sombrero *m* Hut
sombrilla *f* Sonnenschirm
soñar träumen
sonrisa *f* Lächeln
sopa *f* Suppe
sorpresa *f* Überraschung
sótano *m* Keller
subir einsteigen
sucio schmutzig
suerte *f* Glück
sujetador *m* Büstenhalter
sujetar anschnallen
sumar addieren
superficie *f* Oberfläche
supermercado *m* Supermarkt
suprimir abschaffen
sur *m* Süden
surgir auftauchen
suspender absagen

T

tabaco *m* Tabak
taller *m* **de reparaciones** Reparaturwerkstatt
tamaño *m* Größe
tampón *m* Tampon
taquilla *f* Schalter
tarde *f* Abend
tarifa *f* **de parking** Parkgebühr
tarjeta *f* Karte
tarjeta *f* **de crédito** Kreditkarte
tarjeta *f* **ilustrada** Ansichtskarte
tarjeta *f* **postal** Postkarte
tasa *f* Gebühr

taza *f* Tasse
té *m* Tee
teatro *m* Theater
telefonear telefonieren
teléfono *m* Telefon
televisión *f* Fernseher
temperatura *f* Temperatur
temporada *f* Saison
tenedor *m* Gabel
tener haben
tener frío frieren
tener ganas de vomitar übel sein
tener lugar stattfinden
tener que müssen
tenis *m* Tennis
tensión *f* **arterial** Blutdruck
terminal *f* Endstation
terminar aufhören, abschließen
termómetro *m* Thermometer
ternera *f* Kalbfleisch
terremoto *m* Erdbeben
terreno *m* **de camping** Campingplatz
territorio *m* Gebiet
testigo *m* Zeuge
tía *f* Tante
ticket *m* **de aparcamiento** Parkschein
tiempo *m* Zeit
tiempo *m* **libre** Freizeit
tienda *f* **de comestibles** Lebensmittelgeschäft
tienda *f* Laden
Tierra *f* Erde
tijeras *f pl* Schere
tío *m* Onkel
tirita *f* Pflaster
titular *m* Inhaber
toalla *f* Handtuch
tocar berühren
toma *f* Einnahme
tormenta *f* Sturm, Gewitter
tostada *f* Toast
trabajador *m* Arbeiter
trabajar arbeiten
traducción *f* Übersetzung
traducir übersetzen
traer bringen
tráfico *m* Verkehr
tráfico *m* **a corta distancia** Nahverkehr
tragar schlucken
traje *m* Anzug
traje *m* **de baño** Badeanzug
tranquilidad *f* Ruhe
transferencia *f* Überweisung
tratar behandeln
tren *m* Zug
tren *m* **rápido** D-Zug
trimestre *m* Quartal
trineo *m* Schlitten

trucha *f* Forelle
trueno *m* Donner
tumbona *f* Liegestuhl
túnel *m* Tunnel
turismo *m* Tourismus
turista *m/f* Tourist
turno *m* Reihenfolge

U

uña *f* Nagel
urgencia *f* Notfall
utilizar benutzen

V

vacaciones *f pl* Ferien, Urlaub
vacuna *f* Impfung
vacunar impfen
vacuno *m* Rind
valer gelten
valle *m* Tal
vecindad *f* Nachbarschaft
vecino *m* Nachbar, Anwohner
vegetariano vegetarisch
vehículo *m* Fahrzeug
vela *f* Kerze
velero *m* Segelboot
velocidad *f* Geschwindigkeit
vena *f* Ader
venda *f* Binde
vendajes *m pl* Verbandszeug
veneno *m* Gift
venganza *f* Rache
venir kommen
ventana *f* Fenster
ventanilla *f* **de información** Informationsschalter
ver sehen
verano *m* Sommer
verdad *f* Wahrheit
verde grün
verdura *f* Gemüse
versión *f* Fassung
vestido *m* Kleid
vía *f* Gleis
viaje *m* Fahrt, Reise
viaje *m* **de negocios** Geschäftsreise
vida *f* Leben
viejo alt
viento *m* Wind
vientre *m* Bauch
vinagre *m* Essig
vino *m* Wein
visado *m* Einreisevisum
visita *f* Besichtigung
visitar besichtigen, besuchen
vista *f* **al mar** Meerblick
vista *f* Anblick, Ansicht, Blick
vivir leben, wohnen
volante *m* Lenkrad
volar fliegen
votar abstimmen

vuelo *m* Anflug, Flug
vuelta *f* Rundfahrt

Y

yate *m* Jacht
yema *f* Eigelb

Z

zapatero *m* Schuhmacher
zapato *m* Schuh
zona *f* **de no fumadores** Nichtraucherzone
zoo *m* Zoo
zorro *m* Fuchs
zumo *m* Frucht-, Obstsaft

marchas *f pl* ['martʃas]
manillar *m* [mani'ʎar]
freno *m* ['freno]
sillín *m* [si'ʎin]
timbre *m* ['timbre]
faro *m* ['faro]
cuadro *m* ['kwaðro]
portaequipajes *m* [portaeki'paxes]
válvula *f* ['balβula]
luz *f* **trasera** [luθ tra'sera]
rueda *f* ['rrweða]
pedal *m* [pe'ðal]
radio *m* ['rraðjo]
neumático *m* [new'matiko]
cadena *f* **de bicicleta** [ka'ðena de biθi'kleta]
guardabarros *m* [gwarda'βarros]
patilla [pa'tiʎa]

La fruta

piña *f*
['piɲa]

sandía *f*
[san'dia]

uva *f*
['uβa]

higo *m*
['igo]

albaricoque *m*
[alβari'koke]

plátano *m*
['platano]

cereza *f*
[θe'reθa]

nuez *f*
[nweθ]

grosella *f*
[gro'seʎa]

melón *m*
[me'lon]

manzana *f*
[man'θana]

limón *m*
[li'mon]

kiwi *m*
[ˈkiwi]

fresa *f*
[ˈfresa]

frambuesa *f*
[framˈbwesa]

ciruela *f*
[θiˈrwela]

pera *f*
[ˈpera]

mango *m*
[ˈmaŋgo]

granada *f*
[graˈnaða]

naranja *f*
[naˈraŋxa]

fruta *f* **de la pasión**
[ˈfruta de la paˈsjon]

mandarina *f*
[mandaˈrina]

zarzamora *f*
[θarθaˈmora]

melocotón *m*
[melokoˈton]

tomate *m*
[toˈmate]

alcachofa *f*
[alkaˈtʃofa]

patata *f*
[paˈtata]

judía *f*
[xuˈðia]

pimiento *m*
[piˈmjento]

zanahoria *f*
[θanaˈorja]

berenjena *f*
[berenˈxena]

calabacín *m*
[kalaβaˈθin]

calabaza *f*
[kalaˈβaθa]

pepino *m*
[peˈpino]

rabanito *m*
[rraβaˈnito]

ensalada *f*
[ensaˈlaða]

cebolla *f*
[θeˈboʎa]

espárrago *m*
[esˈparrago]

colinabo *m*
[koliˈnaβo]

apio *m*
[ˈapjo]

brécol *m*
[ˈbrekol]

maíz *m*
[maˈiθ]

guisante *m*
[giˈsante]

champiñón *m*
[tʃampiˈɲon]

Los comestibles en general

panecillo *m*
[paneˈθiʎo]

pan *m*
[pan]

mantequilla *f*
[manteˈkiʎa]

huevo *m*
[ˈweβo]

aceite *m*
[aˈθejte]

vinagre *m*
[biˈnagre]

sal *f*
[sal]

pimienta *f*
[piˈmjenta]

pasta *f*
[ˈpasta]

arroz *m*
[aˈrroθ]

yogur *m*
[joˈgur]

queso *m*
[ˈkeso]

embutido *m*
[embu'tiðo]

miel *f*
[mjel]

mermelada *f*
[merme'laða]

harina *f*
[a'rina]

leche *f*
['letʃe]

azúcar *m*
[a'θukar]

carne *f*
['karne]

pescado *m*
[pes'kaðo]

langosta *f*
[lan'gosta]

gamba *f*
['gamba]

vieira *f*
['bjeira]

Las bebidas

café *m*
[kaˈfe]

capuchino *m*
[kapuˈtʃino]

taza *f* **de chocolate**
[ˈtaθa de tʃokoˈlate]

té *m*
[te]

limonada *f*
[limoˈnaða]

agua *f* **mineral**
[ˈagwa mineˈral]

cerveza *f*
[θerˈβeθa]

cóctel *m*
[ˈkoktel]

zumo *m* **de naranja**
[ˈθumo de naˈraŋxa]

vino *m* **tinto**
[ˈbino ˈtinto]

vino *m* **blanco**
[ˈbino ˈblaŋko]

cava *m*
[ˈkaβa]

El servicio de mesa

cuchara *f*
[ku'tʃara]

tenedor *m*
[tene'ðor]

cuchillo *m*
[ku'tʃiʎo]

tenedor *m* **de postre**
[tene'ðor de 'postre]

cucharilla *f*
[kutʃa'riʎa]

plato *m* **hondo**
['plato 'onðo]

plato *m* **llano**
['plato 'ʎano]

plato *m* **de postre**
['plato de 'postre]

taza *f* **de café**
['taθa de ka'fe]

copa *m* **de vino**
['kopa de 'bino]

vaso *m* **de agua**
['baso de 'agwa]

camiseta *f*
[kamiˈseta]

blusa *f*
[ˈblusa]

camisa *f*
[kaˈmisa]

jersey *m*
[xerˈsej]

vestido *m*
[besˈtiðo]

falda *f*
[ˈfalða]

pantalones *m pl*
[pantaˈlones]

vaqueros *m pl*
[baˈkeros]

chaqueta *f*
[tʃaˈketa]

abrigo *m*
[aˈβrigo]

bañador *m*
[baɲaˈðor]

bikini *m*
[biˈkini]

cinturón *m*
[θintuˈron]

corbata *f*
[korˈβata]

calcetín *m*
[kalθeˈtin]

sombrero *m*
[somˈbrero]

zapatos *m pl*
[θaˈpatos]

sandalias *f pl*
[sanˈðaljas]

botas *f pl*
[ˈbotas]

El cuerpo

cabeza *f*
[kaˈβeθa]
cuello *m*
[ˈkweʎo]
pecho *m*
[ˈpetʃo]
muñeca *f*
[muˈɲeka]
mano *f*
[ˈmano]
vientre *m*
[ˈbjentre]
rodilla *f*
[rroˈðiʎa]
tobillo *m*
[toˈβiʎo]
hombro *m*
[ˈombro]
brazo *m*
[ˈbraθo]
dedo *m*
[ˈdeðo]
codo *m*
[ˈkoðo]
cintura *f*
[θinˈtura]
cadera *f*
[kaˈðera]
muslo *m*
[ˈmuslo]
pantorrilla *f*
[pantoˈrriʎa]
pie *m*
[ˈpje]

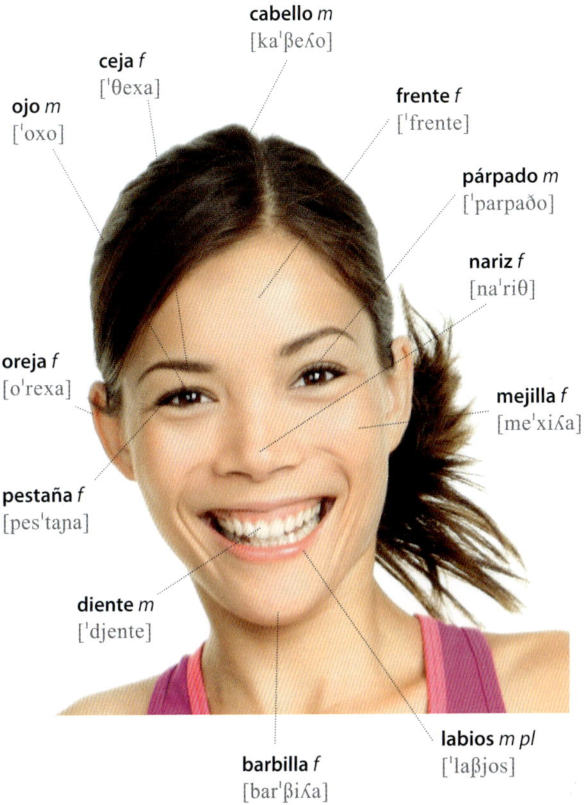
cabello m
[ka'βeʎo]
ceja f
['θexa]
ojo m
['oxo]
frente f
['frente]
párpado m
['parpaðo]
nariz f
[na'riθ]
oreja f
[o'rexa]
mejilla f
[me'xiʎa]
pestaña f
[pes'taɲa]
diente m
['djente]
labios m pl
['laβjos]
barbilla f
[bar'βiʎa]

gato *m*
['gato]

caballo *m*
[ka'βaʎo]

liebre *f*
['ljeβre]

gallina *f*
[ga'ʎina]

gallo *m*
['gaʎo]

pato *m*
['pato]

ratón *m*
[rraˈton]

erizo *m*
[eˈriθo]

paloma *f*
[paˈloma]

oveja *f*
[oˈβexa]

cerdo *m*
[ˈθerðo]

perro *m*
[ˈperro]

vaca *f*
[ˈbaka]

limpiaparabrisas *m*
[limpjaparaˈβrisas]
parabrisas *m*
[paraˈβrisas]
maletero *m*
[maleˈtero]
antena *f*
[anˈtena]
volante *m*
[βoˈlante]
retrovisor *m* **exterior**
[rretroβiˈsor eksterjˈor
capó *m*
[kaˈpo]
cristal *m*
[krisˈtal]
tirador *m* **de puerta**
[tiraˈðor de ˈpwerta]
asiento *m*
[aˈsjento]
matrícula *f*
[maˈtrikula]
puerta *f* **del coche**
[ˈpwerta del ˈkotʃe]
parachoques *m*
[paraˈtʃokes]
neumático *m*
[newˈmatiko]
faro *m* **del coche**
[ˈfaro del ˈkotʃe]